«rororo vieweg» wird vom Rowohlt Taschenbuch Verlag in Zusammenarbeit mit dem Verlag Vieweg herausgegeben. Das Programm umfaßt die Gebiete Mathematik, Physik, Chemie und Biologie und wird abgerundet durch die Bände «Basiswissen», in denen fachübergreifende Themen und wissenschaftstheoretische Grundlagen behandelt werden. Die Studienkomplexe der einzelnen Fächer gliedern sich in Grundkurse, Aufbaukurse und begleitende Kompendien, in denen der Stoff «griffbereit» dargestellt ist.

«rororo vieweg» wendet sich vor allem an den Studenten der mathematischen, naturwissenschaftlichen und technischen Fächer, aber auch an den Schüler der Sekundarstufe II, der sich auf sein Studium vorbereiten will. Darüber hinaus möchte «rororo vieweg» auch dem Mathematiker, Naturwissenschaftler und Ingenieur in Lehre und Praxis die Möglichkeit bieten, sein Wissen anhand einer organisch aufgebauten Arbeitsbibliothek ständig zu ergänzen und es über das eigene Spezialgebiet hinaus auf dem neuesten Stand zu halten.

rororo vieweg

Themenplan Basiswissen

Wissenschaftstheorie der Mathematik und Naturwissenschaften

Logik

Die Organisation der wissenschaftlichen Arbeit

Information systematisch gewinnen

Elementare Einführung in die Wahrscheinlichkeitsrechnung

Angewandte mathematische Statistik

Einführung in die Versuchsplanung

Einführung in die Kybernetik

Einführung in die EDV

Datenschutz und Datensicherung

Mathematisch-naturwissenschaftliche Formelsammlung

Englisch für Naturwissenschaftler

Russisch für Naturwissenschaftler

(Über die bereits erschienenen Titel informiert das neueste Rowohlt-Verzeichnis)

Andreas Jesse

Information systematisch gewinnen

Leitfaden für Studenten
aller Fachrichtungen

Basiswissen

rororo vieweg

Dr. Andreas Jesse arbeitet auf dem Gebiet der
Information und Dokumentation bei einer
Internationalen Organisation in Genf

(Eine Kurzbiographie des Autors steht auf Seite 149)

Redaktion: Verlag Vieweg, Braunschweig

Veröffentlicht im Rowohlt Taschenbuch Verlag GmbH,
Reinbek bei Hamburg, Mai 1975

Umschlagentwurf Werner Rebhuhn
Satz Vieweg, Braunschweig
Druck Clausen & Bosse, Leck/Schleswig
Printed in Germany
880-ISBN 3 499 27018 8

Vorwort

Dieses Buch richtet sich insbesondere an Studenten unter Verfolgung von drei Zielen: Es will

- Grundlagen zur Information und Dokumentation vermitteln
- zugehörige weiterführende Literatur aufzeigen
- eine Bibliographie der wichtigsten Literaturführer bilden.

Die *Grundlagen* sind auf den linken Seiten und die zugehörigen *Literaturzitate* auf den rechten Seiten wiedergegeben. Diese Gegenüberstellung soll dem Informationssuchenden zu einer weitgehend selbständigen Ausnutzung bestehender Informationsmöglichkeiten verhelfen, was jedoch nicht die (gezielte) Mithilfe von Informations- und Dokumentationsfachleuten ausschließt, sondern eher optimiert.

Bei der „weiterführenden Literatur" und den „wichtigsten Literaturführern" wurde versucht, hauptsächlich neuere Werke *auszuwählen*, die eine gute *Einstiegsmöglichkeit* bieten – ein nicht leichtes Unterfangen bei der Fülle des existierenden Informationsmaterials. Ein großer Teil der angegebenen Referenzen ist englisch-sprachig, was auf der allgemeinen Tendenz beruht, daß Nachschlagewerke und wissenschaftliche Literatur mehr und mehr in Englisch erscheinen.

Besondere Beachtung wird der Tatsache geschenkt, daß sich Informationssuchen in einem Wissensgebiet seinem Zweck nach folgendermaßen grob einstufen läßt:

- *Orientierung* über ein Wissensgebiet
- *Daten und Fakten* zu Nachschlagezwecken
- *Fachliteratur* der einzelnen Gebiete.

Der bibliographische Wegweiser zu Literaturführern ist dementsprechend unterteilt.

Im Anhang werden einige Schlüsse gezogen, wie Informationsmaterial stärker *bedürfnisorientiert* produziert bzw. zugänglich gemacht werden kann.

Gliederung

Kernstück dieses Buches sind die folgenden vier Kapitel, die jeweils auf den linken Seiten die Grundlagen und auf den rechten Seiten eine Auswahl der weiterführenden Literatur enthalten.

1. Informationsproblem

... schildert die Informationsflut und die Informationswissenschaften.

2. Informationsmaterial

... beschreibt, welche Arten des Schrifttums existieren, wie es entsteht, erfaßt, gesammelt und erschlossen wird.

3. Informationssuche

... bespricht zunächst die Methodik des Suchens zusammen mit den wichtigsten Klassifikations- und Indexarten und schließt mit einem Verzeichnis der Literaturführer, eingeteilt nach Zweck und Fachgebieten.

4. Informationsaufbereitung

... behandelt Arbeitsmethodik, Dokumentation und Manuskript-Ausarbeitung.

Inhaltsverzeichnis

Inhaltsübersicht

(Die halbfett gedruckten Begriffe bilden die Kapitel und Unterkapitel.)

1. Informationsproblem

Mit der **Informationsflut** sind auch „Eindämmungen" und „Auffangreservoire" entstanden. Der Informationsfluß und das Auffinden sowie das Ausnutzen von Informationsquellen sind derartig komplex geworden, daß ein eigenständiges Wissensgebiet entstanden ist: die **Informationswissenschaften**. Die **Entwicklungstendenzen** zur Befriedigung gegenwärtiger und zukünftiger Informationsbedürfnisse bestehen vor allem in der Herausgabe von zunehmend spezialisierter Fachliteratur, ferner in Errichtung von Informationsstellen und Datenbanken unter zunehmender Anwendung elektronischer Datenverarbeitung. Als weiterführende Literatur werden zusammenfassende und einige grundlegende Arbeiten angegeben.

2. Informationsmaterial

Informationsmaterial läßt sich in drei Kategorien einteilen: Die **Informationsart** heißt *primär*, wenn es sich um Originalarbeiten wie Zeitschriftenartikel, Dissertationen, Patentschriften u.ä. handelt; *sekundär*, wenn es Referateblätter, Bibliographien oder Literaturführer sind; *tertiär* bei extrahierter und verdichteter Information, z.B. Übersichtsartikel und allgemeine Lehrbücher.

Informationsmaterial wird zugänglich gemacht durch **Informationssammlungen**, z.B. Archive, Bibliotheken, Informationsstellen, Datenbanken.

Informationsmaterial wird erzeugt von **Informationsproduzenten**, wie Institutionen, Gesellschaften, Verlage oder individuelle Personen.

Die weiterführende Literatur zu diesem Kapitel umfaßt vor allem breit angelegte Bibliographien, z.B. Bibliographien der Bibliographien oder Bibliographien der Adreßbücher.

3. Informationssuche

Voraussetzung einer effektiven Informationssuche ist die Anwendung einer geeigneten **Suchmethodik** (unter Kenntnis der Ansatzpunkte und Grenzen). Dabei sollten die wichtigsten **Klassifikations- und Indexarten** bekannt sein.

Eine Informationssuche gestaltet sich stets verschieden, je nach Verwendungszweck und den persönlichen Vorkenntnissen. Sie läßt sich aber im allgemeinen einer der folgenden drei Arten zuordnen: gesucht ist entweder

Literatur zur *Orientierung* über ein Wissensgebiet,
Referenzliteratur zum Ermitteln von *Daten und Fakten* oder
Fachliteratur im eigentlichen Sinne.

Der Informationssuchende sollte sich vor Beginn mit der Fachterminologie befassen und die wichtigsten **Literaturführer** und Bibliographien konsultieren.

Die weiterführende Literatur gibt Hinweise zum Auffinden populärwissenschaftlicher Literatur und anderer Einführungen, ferner von Handbüchern und Tabellenwerken; sie gruppiert schließlich Literaturführer und Fachbibliographien nach den wichtigsten Fachgebieten.

4. Informationsaufbereitung

Von Bedeutung bei der Informationsaufbereitung ist eine optimale **Arbeitsmethodik**. Die ausgewählte Literatur muß einer (individuell verschiedenen) **Dokumentation** unterzogen werden, um überschaubar und auswertbar zu werden; dazu müssen geeignete Möglichkeiten zum Eingliedern, Indexieren und Speichern gewählt werden. Das **Manuskript** wird entsprechend dem verfolgten Ziel (Vortrag, Bericht, Veröffentlichung) unterschiedlich ausgearbeitet.

Die weiterführende Literatur zählt eine Reihe nützlicher Anleitungsbücher zur Arbeitsmethodik, Dokumentation und Manuskript-Ausarbeitung auf.

Anhang

Es wird anhand des Aufbaus dieses Buchs der Schluß gezogen, daß für ein und denselben Wissensstoff nach Niveau und Zweck *gestaffeltes* Informationsmaterial herausgegeben und in Bibliotheken und Informationsstellen entsprechend zugänglich gemacht werden sollte. Als Staffelung wird vorgeschlagen: Literatur zur Orientierung, Literatur der Daten und Fakten, Fachliteratur.

Register

Das **Autorenregister** gibt alle persönlichen Verfasser an. Im **Titelverzeichnis** sind alle zitierten Titel unter ihren jeweils wichtigsten Begriffen aufgeführt, und zwar in der Originalsprache (deutsch, englisch oder französisch). Dagegen verwendet das **Sachregister** eine genormte Terminologie, die in einem vorangestellten Schema übersichtlich zusammengefaßt ist.

Abkürzungsverzeichnis

Aufl.	=	Auflage	S.	=	Seite
Bd	=	Band	Tl	=	Teil
Bde	=	Bände	Vlg	=	Verlag
Hrsg	=	Herausgeber	17.**3**	=	Seite 17, Referenz **3**

Bei englisch-sprachigen Referenzen wurden für die Haupttitel die Regeln der Großschreibung angewendet, die Untertitel dagegen in Kleinschreibung angegeben.

Danksagung

Ich möchte all denjenigen danken, die mit kritischen Bemerkungen, nützlichen Hinweisen, Manuskript-Durchsicht und sonstiger Unterstützung zur Entstehung dieses Buches beigetragen haben, insbesondere Ing. *H. Jesse* (Pforzheim), Dr. *N. Schwartz* (Genf), Bibliothekar *R. Weitzel* (Genf), dem Verlag Vieweg (Braunschweig) und seinen Mitarbeitern sowie meiner Frau, *Gudrun Jesse* (ihr gilt noch mein besonderer Dank für ihr Verständnis, daß ein großer Teil der Abende, Wochenenden und Urlaube für dieses Buch statt für Freizeit und Zerstreuung verwendet wurde).

1. Informationsproblem
2. Informationsmaterial
3. Informationssuche
4. Informationsaufbereitung

1. Informationsproblem

Information läßt sich definieren als eine Nachricht, Daten, Fakten (durch welche Wissenszunahme bewirkt wird). Übermitteln läßt sie sich in verschiedenen Formen: Schrift (z. B. Zeitung, Mikrofiche), Sprache (z. B. Vortrag), Bild (z. B. Foto, Plan) oder als optisch-akustische Kombination (z. B. audio-visueller Kurs, Fernsehsendung).

In diesem Buch wird ausschließlich die in Schriftform übermittelte Information behandelt, da dieser Art hinsichtlich ihrer Verbreitung und Benutzung die größte Bedeutung zukommt.

Die Bedürfnisse an Informationen sind sehr verschieden. Diese Tatsache und die ständige Zunahme an Erkenntnissen haben im Laufe der Zeit zu einem gewaltigen Angebot an Informationen geführt. Es hat nicht an Bestrebungen gefehlt, diese „Informationsflut" übersichtlicher zu gestalten und in gewisse Bahnen zu lenken; hierzu zählen die geordneten, abrufbaren Informationssammlungen wie Bibliotheken, Vorschriften für die Abfassung von Beiträgen in Fachzeitschriften, Schaffung von Referenzwerken usw. Dennoch ist das Informationsproblem noch komplexer geworden, so daß es inzwischen schon selbst systematisch untersucht werden muß und zu einem eigenständigen Wissensgebiet geführt hat: die *Informationswissenschaften.*

1.1. Informationsflut

Es gibt zur Zeit zwischen 50 000 und 100 000 Fachzeitschriften; pro Tag kommen etwa 1000 Bücher auf den Markt; die allgemeine Fachliteratur verdoppelt sich in neun Jahren. Nach Schätzungen werden nur 1 % der Literatur im Original gelesen und 4 % durch Referieren bekannt; 95 % gelangen gar nicht erst an potentielle Leser.

Diese Zahlen wirken frappierend. Zu bedenken ist jedoch, daß für eine Einzelperson sowieso nur ein Bruchteil der Fachzeitschriften und Bücher von unmittelbarem Interesse ist. Der verlustig gegangene Informationswert jener 95 % ist sicher nicht gleich zu bewerten, da viele Informationen dupliziert erscheinen; ferner lassen sich manche Informationen auch indirekt oder gar durch eigenes Erarbeiten erhalten.

Fest steht aber, daß das Angebot an Literatur im Buchhandel, in den Bibliotheken und an sonstigen Stellen zu groß ist, um es übersehen oder gezielt ausnutzen zu können. Die gesamte Informationsmasse ist sehr komplex, was zum großen Teil vom unterschiedlichen Wesen und den Ineinandergreifen der einzelnen Wissenszweige herrührt.
Bildlich gesprochen, muß verstärkt daran gearbeitet werden, die Informationsflut „eindämmen", „Auffangreservoire" zu schaffen und den „Informationsfluß" sinnvoll zu lenken und zu dosieren.

1 *A. Weinberg* U. S. Gov. Printing Office, Washington, D.C., 1963
Science, Government and Information
Studie zur Bekämpfung der Informationsexplosion. Vorschläge zur Gründung spezialisierter Informationszentren.
[Übersetzung in *Nachr. f. Dokumentation* Beiheft 12 (1964), 94 S.: Wissenschaft, Regierung und Information (Weinberg-Report)]

2 *SATCOM* National Acad. of Sci., Washington, D. C., 1969; 330 S.
Scientific and Technical Communication –
a pressing national problem and recommandations for its solution
Stand und Bedürfnisse für wissenschaftliche Information. Empfehlungen zur Koordinierung

3 *U. Bischoff* Econ, Düsseldorf, 1967; 323 S.
Die Informationslawine
Zur Bewältigung der Nachrichtenfülle. Dokumentation. Kybernetik. Vorschläge

4 *G. Anderla* OECD, Paris, 1973; 131 S.
Information in 1985 –
a forecasting study of information needs and resources
Daten. Wachstumsmorphologie. Automation

1.2. Informationswissenschaften

Die methodische Untersuchung obiger Vorgänge ist Aufgabe der *Informationswissenschaften* (auch „Informations- und Dokumentationswissenschaft" genannt bzw. "information science" auf Englisch, „Informatik" im russischen Sprachgebrauch). Sie versuchen insbesondere, die Untergebiete Information, Kommunikation und Dokumentation zu ergründen, also die Abläufe bei der Verbreitung von Wissen (als Rohstoff oder aufbereitet) zusammen mit Erfassung, Ordnung, Speicherung und Wiederabrufung der das Wissen fixierenden Dokumente (hier: Schriftstücke).

Der dabei auftretende *Informationsfluß* erscheint auf den ersten Blick klar überschaubar und einleuchtend. Beispiel:

Ein Wissenschaftler produziert irgendeine Information (etwa einen Artikel über die Eigenschaften eines neuen Werkstoffes) und schleust sie in einen Kommunikationsvorgang ein (etwa durch Veröffentlichen in einer Fachzeitschrift); gleichzeitig erfolgt ein Dokumentationsprozeß (etwa durch Referieren in einem Referateblatt), wodurch einem anderen Wissenschaftler ermöglicht wird, auf die Originalarbeit aufmerksam zu werden und seine Untersuchungsmethoden oder -ergebnisse auf ersterer aufzubauen, was schließlich zur Produktion einer weiteren Information führen kann . . .

Schematisch läßt sich der Informationsfluß wie folgt darstellen:

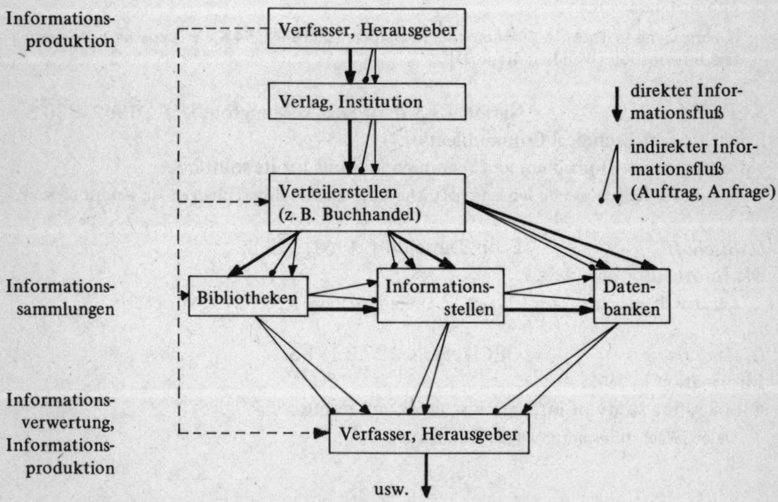

Informationsfluß (schematisch)

1 *C. E. Nelson, D. K. Pollock* [Hrsg] Heath, Lexington, Mass., 1971; 352 S.
Communication among Scientists and Engineers
Kommunikations-Struktur der Wissenschaften. Produktion wissenschaftlicher Information. Entwicklung von Informationssystemen

2 *D. Crane* Univ. of Chicago Press, London 1972; 224 S.
Invisible Colleges –
diffusion of knowledge in scientific communities
Anwachsen des Wissens. Kleine Gruppen produktiver Forscher als Urheber

3 *K. Laisiepen, E. Lutterbeck, K. H. Meyer-Uhlenried*
Vlg Dokumentation, München, 1972; 652 S.
Grundlagen der praktischen Information und Dokumentation –
eine Einführung
Beschaffung, Auswertung und Ordnung von Dokumenten. Speichermedien, Normung, Rechtsfragen, Informationstätigkeit, Organisation von Informations- und Dokumentations-Einrichtungen

4 *E. Lutterbeck* [Hrsg] Umschau, Frankfurt, 1971; 322 S.
Dokumentation und Information –
auf dem Weg ins Informationszeitalter
27 Beiträge zur Information und Dokumentation: Grundlegendes, Informationszeitalter, Information und Dokumentation in Wissenschaft, Wirtschaft und Staat, nationale und internationale Dokumentations-Politik

5 *G. Wersig* Vlg Dokumentation, München, 1971; 351 S.
Information, Kommunikation, Dokumentation –
ein Beitrag zur Orientierung der Informations- und Dokumentationswissenschaften

6 *C. W. Hanson* Aslib, London, 1971; 199 S.
Introduction to Science-Information Work
Einführung in die Informationswissenschaften

7 *A. W. Elias* Am. Soc. Inf. Sci., Philadelphia, Penn., 1971; 223 S.
Key Papers in Information Science
Auswahl bereits veröffentlichter Arbeiten zur Informationswissenschaft

8 *T. Saracevic* [Hrsg] Bowker, New York, 1970; 751 S.
Introduction to Information Science
Auswahl bereits veröffentlichter Arbeiten zur Informationswissenschaft

In praxi ist aber der Informationsfluß weitaus komplizierter, da es viele verschiedene Arten an Informationen gibt (Daten, Fakten, Wissen; veröffentlicht, quasi-veröffentlicht, unveröffentlicht), sowie viele Möglichkeiten bei der Art der Dokumente (Zeitschriften, Bücher, Reports, u. a.) und viele Arten der Informationssammlungen (Bibliotheken, Informationsstellen, Datenbanken, u. a.). Diese zahlreichen Möglichkeiten hängen nicht „logisch" zusammen, sondern bestehen nebeneinander mit vielen Überschneidungen und vielen Lücken.

Diesen verwickelten Informationsfluß zu analysieren, ist einer der Untersuchungsgegenstände der Informationswissenschaften. Dabei sollen Gesetzmäßigkeiten aufgezeigt werden und entsprechende Verbesserungen ausgeführt oder angeregt werden. Als Extremfälle sind folgende Maßnahmen denkbar: Entweder es gelingt, einen logischen und damit unkomplizierten Ablauf des Informationsflusses herbeizuführen (also auch die Produktion und Sammlung von Informationen den Benutzerbedürfnissen anzupassen), oder jeder Informationsbenutzer erhält eine grundlegende Ausbildung auf den Gebieten der Information, Kommunikation und Dokumentation. Die reale Lösung dürfte in einem Kompromiß zwischen diesen Extremfällen liegen.

Die Informationswissenschaften stehen mit einigen anderen Wissenschaftsdisziplinen in enger Verbindung, z. B. mit Informatik, Linguistik, Kybernetik, Wissenschafts-Wissenschaften, Futurologie. Als Berufsbezeichnung für dieses Gebiet wird „Informationswissenschaftler" gebräuchlich, wogegen „wissenschaftliche Fachdokumentare" sich mit den Informations- und Dokumentationsproblemen innerhalb eines bestimmten Fachbereichs beschäftigen.

1.3. Entwicklungstendenzen

Das Problem, Information eines Wissensgebietes potentiellen Interessenten und Benutzern zugänglich zu machen, hat es von jeher gegeben und wird es (naturgemäß) immer geben. Wichtig dabei ist jedoch die Optimierung der Zugänglichkeit, d. h. die Bereitstellung eines Maximums an korrekter und erschöpfender Information bei einem Minimum an Aufwand von Zeit, Vorkenntnissen und Kosten.

Die gegenwärtigen Bestrebungen sowie die allgemeinen Entwicklungstendenzen bei den Informationsverbreitungen sind im folgenden angedeutet:

Informationsproduktion	starke Zunahme der spezialisierten Fachliteratur, Zunahme der populärwissenschaftlichen Literatur
Informationsmaterial	Herstellung mittels Lichtsatz (computer typesetting) und anderer moderner Druck- und Reproduktionsverfahren
	Verteilung (neben herkömmlichen Formen wie Bücher, Zeitschriften, Reports) über Mikroformen und Magnetbänder
	Erfassung und Erschließung mittels elektronischer Datenverarbeitung, z. B. maschinelle Index-Herstellung, maschinelle Übersetzung.

1 *K. O. Saur* [Hrsg] Vlg Dokumentation, München, 1967-; 13 Bde, 14 000 S.
Handbuch der technischen Dokumentation und Bibliographie

Bd 1, Die internationale wissenschaftliche Information und Dokumentation
Bd 2, Die Fachliteratur zum Buch- und Bibliothekswesen
Bd 3, Internationale Bibliographie der Fachbibliographie für Technik, Wissenschaft und Wirtschaft
Bd 4, Fachwörterbücher und Lexika
Bd 5, Internationale Bibliographie der Fachadreßbücher
Bd 6, Internationale Bibliographie der Fachzeitschriften
Bd 7, Internationales Verlagsadreßbuch
Bd 8, Internationales Bibliotheks-Handbuch
Bd 9, Internationales Verzeichnis der Abkürzungen
Bd 10, Internationales Universitäts-Handbuch

ab 1973 Weiterführung unter dem Titel:

Handbuch der internationalen Dokumentation und Information

Bd 11, Internationale Bibliographie der Übersetzung
Bd 12, Internationales Verzeichnis der Wirtschaftsverbände
Bd 13, Verbände und Gesellschaften der Wissenschaft

2 *I. Dahlberg* Heymanns, Köln, 1972; 512 S.
Literatur zu den Informationswissenschaften –
annotierte Auswahlbibliographie internationaler Fachliteratur (1960–71)
[Das Informationsbankensystem, 3]

3 *P. Wassermann* Gale, Detroit, Mich., 1974; Bd 4, 572 S.
List 1974 – Library and Information Services Today –
an international registry of research and innovation
Angaben über laufende Untersuchungen auf dem Gebiet der Bibliotheks- und Informationswissenschaften. Alphabetische Anordnung (Abstracting, . . ., Zoology). Mehrere Register (Personen, Organisationen, Finanzierung, Bibliotheksarten, Titel-, Sach- und Ortsverzeichnis)

4 *K. Ostrowska* Int. Federation f. Doc., Den Haag, 1972; 2. Aufl., 294 S.
A Guide to the World's Training Facilities
in Documentation and Information Work
Ausbildungs-Möglichkeiten für Dokumentations- und Informations-Fachleute sowie Informations-Benutzer. Nach Ländern angeordnet

5 *C. A. Cuadra* [Hrsg] Encyclopaedia Britannica, Chicago, Ill., seit 1966
Annual Review of Information Science and Technology
Jährlich erscheinende, zusammenfassende Beiträge zur Informationswissenschaft

6 *A. Kent, H. Lancour* [Hrsg] Dekker, New York, 1968-; 18 Bde
Encyclopedia of Library and Information Science
Umfassendes Nachschlagewerk zu den Informationswissenschaften

	Speicherung mittels automatischer Informationssysteme (Informationsnetzwerke, Datenbanken) *Beispiele:* UNISIST, dezentralisiertes, weltweites Informationssystem für Naturwissenschaft und Technik; es basiert auf Koordination zwischen nationalen und internationalen Systemen *Informationsbankensystem in der BRD,* d. i. ein Verband aus Informationsbanken aller Lebensbereiche (z. B. Information für Presse, über Forschung und Entwicklung; Daten über Bevölkerung, Wirtschaft, Werkstoffe)
Informationssuche	Informationswiedergewinnung im Dialogverkehr (on-line computer); maschinelle Bearbeitung der gefundenen Informationen (z. B. Ausdrucken einer Bibliographie oder von Daten-Tabellen)

Die elektronische Datenverarbeitung und die Datenfernübertragung spielen hier eine ganz besondere Rolle. Allerdings sollte die Bedeutung des Gegenständlichen nicht vernachlässigt werden, nämlich die Produktion spezifischer Fachliteratur, das Vermitteln gleicher Information nach verschiedenen Bedürfnissen und Vorkenntnissen, u. a. m. (siehe Anhang, S. 114).

1 *W. Kunz, H. Rittel* Oldenbourg, München, 1972; 136 S.
Die Informationswissenschaften –
ihre Ansätze, Probleme, Methoden und ihr Ausbau in der Bundesrepublik Deutschland

2 Anonym Heymanns, Köln, 1971–72; 3 Bde, 158 + 420 + 550 S.
Das Informationsbankensystem –
Vorschläge für die Planung und den Aufbau eines allgemeinen arbeitsteiligen Informationsbankensystem für die BRD

Bd 1, Bericht der Interministeriellen Arbeitsgruppe beim Bundesministerium des Innern an die Bundesregierung
Bd 2, Materialband (Gutachten, Empfehlungen, Stellungnahmen)
Bd 3, Die Literatur der Informationswissenschaften (Auswahlbibliographie mit Annotationen)

3 Anonym UNESCO, Paris, 1971; 161 S.
UNISIST –
Study Report on the Feasibility of a World Science Information System
Empfehlungen zur Koordinierung im wissenschaftlichen Informationswesen (insbesondere Aufbau von Informations-Netzwerken)

2. Informationsmaterial

In diesem Kapitel werden die Eigenschaften von *Informationsmaterial* (hier: Dokumente) besprochen: welche Arten es gibt, wie es erfaßt und erschlossen wird und wie neues Informationsmaterial entsteht.

Die Arten lassen sich grob einteilen in die folgenden drei Klassen: Originalarbeiten, zitierende sowie kondensierende Literatur. Die Erfassung und Erschließung dieses Informationsmaterials erfolgt in „Informationssammlungen", d. h. Bibliotheken, Informationsstellen und Datenbanken. Urheber, also „Informationsproduzenten", sind Institutionen, Unternehmen und individuelle Personen.

2.1. Informationsarten

Die Unterteilung in *primäre, sekundäre* und *tertiäre* Informationsarten (s. Schema) ist nicht allgemein gebräuchlich; so begnügt man sich oft mit den beiden ersten Gattungen oder definiert *tertiäre* Informationsarten einfach als 'Bibliographien der Bibliographien' (sie fallen hier unter die *sekundäre* Art). Wie dem auch sei – es geht darum, die folgenden Arten voneinander abzugrenzen: die Originalarbeiten *(primär)* von den referierenden Werken *(sekundär)* und von den zusammenfassenden Beiträgen *(tertiär)*. Die Übergänge zeichnen sich freilich nicht scharf ab: so enthalten Originalarbeiten auch eine sekundäre und eine tertiäre Komponente, nämlich das Literaturverzeichnis bzw. die Einleitung mit der Beschreibung des derzeitigen Wissenstandes.

Der Status von Informationsmaterial kann sein: *veröffentlicht, quasi-veröffentlicht, unveröffentlicht*. Während erstes und zum Teil auch zweites durch Literatursuche als „aufspürbar" gelten, ist letzteres „unzugänglich", besitzt jedoch manchmal einen hohen Informationswert.

Die folgenden Seiten sind unterteilt nach:

primären Informationsarten (Zeitschriften, Bücher, Patentschriften, Reports, Tagungen, Tagungsberichte),
sekundären Informationsarten (bibliographische Nachschlagewerke) und
tertiären Informationsarten (Lexika, Wörterbücher, Handbücher).

Die jeweils angegebene weiterführende Literatur ist natürlich „sekundärer Art".

Als zusätzliches Unterscheidungsmerkmal wird noch die Erscheinungsweise hinzugezogen: Periodika erscheinen regelmäßig (mindestens einmal pro Jahr; z. B. Zeitschriften, Zeitungen, Referateblätter), während Monographien, Patentschriften, Reports einmalig (manchmal innerhalb einer Serie) herausgegeben werden.

Informationsmaterial: Art und Status

	Informationsstatus		
Informationsart	veröffentlicht	quasi-veröffentlicht	unveröffentlicht
primär (Original-Information)	Zeitungen Zeitschriften Fachbücher Tagungsberichte	Reports Patentschriften Vorabdrucke Dissertationen	Fachvorträge Briefwechsel Manuskripte
sekundär (geordnete Information über Primär-Information)	Referatenblätter Bibliographien Verlagskataloge	Bibliographien in Form von Reports Bibliothekskataloge	Manuskripte, die auf Primär-Information verweisen private Literatur-Karteien
tertiär (grundsätzliche, zusammenfassende Information; Wissen)	Lehrbücher Handbücher Enzyklopädien Tabellenwerke	Übersichtsbeiträge in Form von Reports Daten-Kompilationen	Übersichtsvorträge Vorlesungen Kurse

Primäres Informationsmaterial – veröffentlicht

Zeitschriften

Zeitschriften sind regelmäßig erscheinende Veröffentlichungen. Sie bilden die wichtigste Quelle für ständige, aktuelle Informationen, da viele von ihnen in kurzen Zeitabständen (z. B. wöchentlich) herausgegeben werden. Aber auch für retrospektive Literaturrecherchen werden sie herangezogen, weil sich dort gute „Ansatzpunkte" finden lassen.

Eine Zeitschrift hat im allgemeinen einen gleichbleibenden Titel. Die periodisch erscheinenden Hefte haben oft weitergeführte Seitenzahlen, stets eine neue Heft-Nummer und nach Ablauf eines Kalenderjahres (manchmal auch häufiger) eine neue Band-Nummer.

Beispiel:	Zeitschrift für Sonnenforschung	2	(3),	17–21	(1972)
	Titel	Band	Heft	Seiten	Jahr

Welche Zeitschriften es gibt

Oft ist am Titel erkennbar, um welchen Typ von Zeitschrift es sich handelt.

Bezeichnung	Eigenschaften
• Journal, Zeitschrift	spezialisiert; fachliche Bedeutung
• Digest, Magazin, Magazine	nicht-spezialisiert; populärwissenschaftlich, allgemein verständlich
• Advances, Annals, Annalen, Progress, Review	zusammenfassende Darstellungen, Übersichten
• Abhandlungen, Berichte, Comptes rendus, Proceedings, Transactions	Mitteilungsorgane von Institutionen, Gesellschaften
• Bulletin, Communications, Mitteilungen; Letters	desgl. zur Schnellinformation
• Abstracts, Index, Referateblatt	referiert Literatur (oft nach Fachgebieten)

Den Zeitschriften ähnliche, periodisch erscheinende Veröffentlichungen sind: Zeitungen, Jahrbücher, manche Tagungsberichte.

Was man in Zeitschriften findet

Originalarbeiten	z. B. Aufsätze über Forschungsergebnisse
Sonderbeiträge	z. B. Übersichtsartikel
informative Artikel	z. B. Interviews
spezielle Rubriken	z. B. Redaktionelles, Briefe an den Herausgeber; Hinweise auf Tagungen, Kurse, neue Produkte; Inserate (Produkte, Stellen); Gesellschaftsnachrichten; Literaturhinweise, Buchbesprechungen; Bezugsquellenverzeichnisse, Jahresindexe

Wie man Zeitschriften auffindet

Mittels nebenstehender Nachschlagewerke lassen sich jene Zeitschriften ersehen, die den jeweiligen Interessen und Bedürfnissen am nächsten kommen.

Zeitschriften

1 *M. Rohinsky* [Hrsg] — Bowker, Ann Arbor, Mich., 1973; 15. Aufl., 2706 S.
ULRICH's International Periodicals Directory

Angabe von 55 000 Zeitschriften, eingeteilt nach 250 Fachgebieten sowie Sektion über Referateblätter. Angabe von: Verlag, Erscheinungsweise, Preis und besondere Merkmale

E. I. Koltay [Hrsg] — Bowker, Ann Arbor, Mich., 1974; 3. Aufl., 1 200 S.
Irregular Serials and Annuals –
an international directory

25 000 Referenzen über unregelmäßig erscheinende Literatur wie Jahrbücher, Fortschrittsberichte, Ergänzungsbände zu Zeitschriften.

2 *T. Besterman* — Rowman & Littlefield, Totowa, N.J., 1971; 2 Bde
Periodical Publications –
a bibliography of bibliographies

Bibliographie der Zeitschriften-Bibliographien

3 *K. O. Saur* [Hrsg] — Vlg Dokumentation, München, 1967; 5. Aufl., 3 Tle, 2 320 S.
Internationale Bibliographie der Fachzeitschriften

[Handbuch der technischen Dokumentation und Bibliographie, 6]

4 *K. I. Porter, C. J. Koster* [Hrsg] — Butterworth, London, 1970; 4. Aufl.
World List of Scientific Periodicals

Bd 1–3, Scientific Periodicals published in the years 1900–60
Bd 4, New Periodical Titles, 1960–68

Insgesamt 60 000 Titel; Angabe der Zeitschriftenbestände
300 britischer Bibliotheken. Vierteljährliche Weiterführung

5 Anonym — Library of Congress, Washington, D.C., seit 1953 (monatlich)
New Serial Titles –
a union list of serials commencing publication after Dec. 31, 1949

Verzeichnis neuer Zeitschriftenteile; Zentralkatalog für USA und Kanada.
Kummulation: 'New Serial Titles, 1950–1970' (Bowker, Ann Arbor, Mich., 1974; 4 Bde, 6 700 S.)

6 *C.J. Himmelsbach, G.E.Brociner* — Special Libraries Ass., New York, 1972; 2. Aufl., 57 S.
A Guide to Scientific and Technical Journals in Translation

Übersetzungen 'östlicher' Zeitschriften

7 Anonym — Benn, London, seit 1852 (jährlich)
Newspaper Press Director –
Benn's guide to newspapers and periodicals in the world

Nachschlagewerk über Zeitungen und Zeitschriften

8) Verzeichnis deutschsprachiger Zeitschriften;
Schillerbuchhandlung Marbach/N.

Bücher

Bücher sind nicht-periodisch erscheinende Publikationen „größeren" Umfangs, d. h. mehr als 50 Seiten. (Bei einem Umfang von weniger als 50 Seiten spricht man im allgemeinen von Broschüren oder Kleinschriften (pamphlets).)

Neben den Zeitschriften sind sie eins der bedeutendsten Informationsmittel. Gegenüber ersteren zeichnen sich Bücher aus durch die umfassende Abhandlung eines Themas (sei es als Sachbuch, Fachbuch oder Nachschlagewerk), sie haben aber nicht die Aktualität wie Periodika.

Wichtige Daten beim Zitieren eines Buches (z. B. zwecks Bestellung im Buchhandel) sind Autor, Titel, Verlag, Erscheinungsjahr und ggf. Auflage.

Beispiel: *A. Müller,* Kirche und Staat. Maier, Berlin, 1972; 2. Aufl.

Oft empfiehlt sich noch die Angabe des Untertitels und des Umfangs, z. B.:
Kirche und Staat – ein Beitrag zum Problem der Kirchensteuer; 125 S.

Welche Bücher es gibt

Bücher lassen sich einteilen hinsichtlich ihres Inhalts (a) und ihrer Erscheinungsweise (b):

Bezeichnung	Eigenschaften
(a)	
Sachbuch	allgemeinverständliche Darstellung (z. B. Sachbuch über Jazz; populärwissenschaftliche Beschreibung der Kernforschung
Fachbuch	vermittelt Fachwissen (z. B. Physik)
Monographie	Abhandlung eines bestimmten Themas durch einen Autor
Sammelschrift	Beiträge eines oder mehrerer Autoren
Lehrbuch, Schulbuch	zusammenfassende Darstellung
Einführung	desgl., auf das Wesentliche begrenzt
Nachschlagewerk	umfassende Darstellung (Definitionen, Daten)
Enzyklopädie, Lexikon	alphabetische oder systematische Anordnung
Wörterbuch, Glossar	alphabetische Anordnung (mehrsprachig bzw. Erklärungen)
Handbuch, Kompendium, Taschenbuch	systematische Anordnung
Tabellen-, Tafelwerk	Zahlenmaterial (Tabellen, Diagramme)
Bibliographie	Literaturverzeichnis (geordnet)
Adreßbuch	Verzeichnis von Anschriften
(b)	
Serie, Reihe	*ein* Themenkreis, erscheint sporadisch
Jahresbericht, Jahrbuch	Tätigkeitsbericht, erscheint jährlich
Tagungsbericht	Beiträge anläßlich von Tagungen

Unter diesen Typen gibt es aber auch Übergangsformen, z. B. ein Lehrbuch, das eine Bibliographie und einen Tabellenteil enthält.

Bücher, deutschsprachig

1 Deutsche Bibliographie — Deutsche Bibliothek und Börsenverein des Deutschen Buchhandels, Frankfurt, seit 1947

Teil A, Erscheinungen des Buchhandels
B, Erscheinungen außerhalb des Buchhandels
C, Karten

wöchentlich; referiert alle in Deutschland erschienenen Bücher

2 Deutsche Nationalbibliographie und Bibliographie des im Ausland erschienenen Schrifttums — Deutsche Bücherei, Leipzig, seit 1931

Reihe A, Neuerscheinungen des Buchhandels
B, Neuerscheinungen außerhalb des Buchhandels
C, Dissertationen und Habilitationsschriften

wöchentlich

3 Das Schweizer Buch — Schweizerische Landesbibliothek, Bern, seit 1943

Serie A, Erscheinungen des Buchhandels (halbmonatlich)
B, Erscheinungen außerhalb des Buchhandels (zweimonatlich)

erscheint auch als Beilage in: *Der Schweizer Buchhandel,* Schweizerischer Buchhändler- und Verlegerverein, Zürich

4 Österreichische Bibliographie — Österreichische Nationalbibliothek, Wien, seit 1946
zweiwöchentlich

5 Anonym — Koehler und Volckmar, Köln, seit 1955 (jährlich)
Verzeichnis der Neuigkeiten des Jahres –
Schöne Literatur, Kunst, Populäre Wissenschaften, Jugendschriften, Taschenbücher

6 Anonym — Weidemann, Hannover, seit 1914 (jährlich)
Führer durch die technische Literatur –
Katalog technischer Werke für Studium und Praxis

7 *L. Rossipaul* [Hrsg] — Rossipaul, Stammheim/Calw, seit 1958 (halbjährl.)
Systematisches Verzeichnis deutschsprachiger Taschenbücher

8 Anonym — Buchhändler-Vereinigung, Frankfurt, seit 1971 (jährlich)
Verzeichnis lieferbarer Bücher

220 000 Referenzen deutschsprachiger Bücher, nach Autoren geordnet. Titel- und Stichwort-Register sowie Bücherverzeichnis nach Verlagen

Buchbesprechungen s. S. 32/33

Wie Bücher gegliedert sind

Im allgemeinen enthalten Bücher folgende Teile:

Titelblatt	*Vorderseite:* Titel, Nebentitel, Autor, Verlag, Erscheinungsort und -jahr; ggf. Autorenzugehörigkeit, Auflage, Band, Tagungsort und -datum *Rückseite:* Copyright, Verlag, Druckerei, oft auch ISBN = International Standard Bock Numbering (9–10stellige Kennziffer, wobei die erste das Sprachgebiet bzw. Land wiedergibt, die letzte eine Kontrollziffer ist und die übrigen den Verlag und die Buchnummer im Verlag bezeichnen)
Vorwort	Erläuterungen der Zielsetzung
Inhaltsverzeichnis	Übersicht über den Inhalt und seine Gliederung (eine Inhaltsangabe ist oft auf der Innenseite des Schutzumschlages angegeben)
Hauptteil	Einteilung meist in Kapitel und Abschnitte
Anhang	ausführliche Abhandlungen (z. B. Berechnungen), die den Hauptteil unübersichtlich machen würden
Literaturverzeichnis	nützlich zu Recherchierzwecken (manchmal auch am Ende der jeweiligen Kapitel angegeben)
Autoren- und Sach-Register	zur Erschließung des Inhalts anläßlich Nachschlagezwecken (vgl. Inhaltsverzeichnis)

Wie man Bücher auffindet

Das Auffinden von Büchern läßt sich zweckmäßigerweise nach den zugrundeliegenden zeitlichen Bereichsräumen aufteilen: entweder man interessiert sich für laufende und zukünftige Information ("current awareness" bzw. "prospective announcement") oder für rückwärts gerichtete Information ("retrospective search"). Folgende Informationsquellen können dabei herangezogen werden:

Laufende Information

- Bibliotheken (Neuerwerbungen)
- Buchhandel (Schaufenster, Regale)
- Ankündigungen (bibliographische Verzeichnisse)
  - Verlagsprospekte
  - Ankündigungen in Zeitungen und Zeitschriften
  - Nationalbibliographien (Neuerscheinungen eines Landes sowie in einer bestimmten Sprache)

Retrospektive Suche

- Bibliothekskataloge
- Barsortimentskataloge (Lieferverzeichnis großer Vertriebsfirmen)
- Indexe obiger Ankündigungen
- Bibliographien (nach Ländern, Sprachen, Fächern)
  (s. nebenstehende Referenzen und S. 29, 31)

Bücher, fremdsprachig

1 Cummulative Book Index – a world list of books in the English language — Wilson, New York, seit 1928

monatlich; neue englischsprachige Literatur

'Books in Print'-Reihe — Bowkers, Ann Arbor, Mich.

Australian Books in Print, Books in Print, Business Books in Print, Children's Books in Print, El-Hi Books in Print, German Books in Print, Indian Books in Print, International Maps and Atlases in Print, Medical Books in Print, Paperbound Books in Print, Scientific and Technical Books in Print, Scientific, Technical, and Engineering Societies Publications in Print

2 Forthcoming Books — Bowker, New York, seit 1966

zweimonatlich; berichtet über Bücher, die in den folgenden fünf Monaten erscheinen werden

3 Book Review Index — Gale, Detroit, Mich., seit 1965

monatlich; indexiert Buchbesprechungen aus 250 englischsprachigen Zeitschriften

4 British Book News — Whitaker, London, seit 1965

monatlich; enthält ca. 250 Buchbesprechungen (nach Dewey-Dezimalklassifikation angeordnet)

5 The British National Bibliography — London, seit 1950

wöchentlich; britische Nationalbibliographie, verschiedene Kumulationen und Indexe (Dewey-Dezimalklassifikation)

6 Bibliographie de la France / Biblio – répertoire bibliographique de tous les ouvrages en langue française paru dans le monde — Hachette, Paris, seit 1972 (Biblio seit 1934)

vierteljährlich

7 Anonym
French Books in Print – le catalogue de l'édition française — Paris Publ., New York, 1972; 4 Bde

referiert 150 000 französischsprachige Bücher

8 Index Translationum – répertoire international des traductions; international bibliography of translations — UNESCO, Paris, seit 1948

jährlich; Buchübersetzungen aus 70 Ländern (Anordnung nach Ländern, anschließend nach Fachgebieten)

9 World Index of Scientific Translations — European Translations Centre, Delft, seit 1967

vierteljährlich; Bibliographie der Übersetzungen 'östlicher' Literatur

10) Verzeichnis deutschsprachiger Taschenbücher
Schillerbuchhandlung Marbach/N.

Primäres Informationsmaterial – quasi-veröffentlicht

Zeitschriften und Bücher sind primäre Informationsarten, die im Prinzip jedermann zugänglich sind (z. B. über den Buchhandel). Schwieriger ist dies bei *quasi-veröffentlichten* Dokumenten (z. B. Patentschriften, Dissertationen); sie sind aber im allgemeinen durch gute Bibliotheken „besorgbar".

Patentschriften

Patentschriften dokumentieren die rechtliche Absicherung von Erfindungen und Entwicklungen industriell herstellbarer Artikel. Ihre Veröffentlichung geschieht durch (nationale) Patentämter.

Patentschriften sind nützliche Informationsquellen, wenn Neu- oder Weiterentwicklungen geplant sind. Sie vermitteln außerdem einen Überblick über den jeweiligen Stand der Technik, da dieser in einer Patentschrift aufgezeigt werden muß.

Reports

Reports sind Forschungs- und Entwicklungsberichte. Sie erscheinen serienweise und werden meist von staatlich geförderten Institutionen herausgegeben. Ausländische Reports werden durch (nationale) "clearinghouses" beschafft; sie nehmen sich auch der Anfragen aus dem Ausland nach nationalen Berichten an.

Reports stellen eine bedeutende Informationsquelle über Großforschung dar (z. B. Kernforschung, Weltraumforschung). Sie werden manchmal auszugsweise in Zeitschriften veröffentlicht.

Tagungsberichte

Tagungen (Kongresse, Symposien, Arbeitstagungen) werden von wissenschaftlichen Gesellschaften, Institutionen oder bestimmten Interessengemeinschaften veranstaltet. Die daraus hervorgehenden Tagungsberichte sind (daher) nicht immer leicht zugänglich; sie bilden aber wegen ihres aktuellen Informationsgehalts eine sehr wichtige Informationsquelle.

Viele Fachzeitschriften enthalten eine Rubrik „Tagungskalender", in der auf kommende Tagungen (Titel, Datum, Veranstalter, Kontaktadresse) hingewiesen wird. Mittels nebenstehender Referenzwerke lassen sich Tagungen und publizierte Tagungsberichte systematisch in Erfahrung bringen.

Hochschulschriften

Hochschulschriften werden von Universitäten und Hochschulen herausgegeben. Dissertationen und Habilitationsschriften kommt dabei die größte Bedeutung zu, da sie ausführliche Literaturverzeichnis und Beschreibungen des derzeitigen Wissensstandes beinhalten. Sie lassen sich durch die meisten Nationalbibliographien (S. 23) und durch spezielle Bibliographien und Referateblätter (S. 21) ermitteln.

Patentschriften, Reports, Normschriften

1 *B. Houghton* Bingley, London, 1972; 2. Aufl., 128 S.
Technical Information Sources –
a guide to patent specifications, standards and technical reports literature
Literaturführer (Patentschriften, Normen, Reporte)

2 *E. J. Struglia* Gale, Detroit, Mich., 1965; 187 S.
Standards and Specifications Information Sources
Literaturführer zu Normschriften; Normenausschüsse
[Management Information Guide, 6]

3 *F. Newby* Pergamon, London, 1967; 186 S.
How to Find Out About Patents
Literaturführer

4 *F. Liebesney* Butterworth, London, 1972; 224 S.
Mainly on Patents –
the use of industrial property and its literature
Literaturführer, Patentsysteme (England, USA und andere Länder), Informationsquellen, Klassifikationssysteme

s. auch 65.7

Tagungen, Tagungsberichte

5 Current Index to Conference Papers in Chemistry — CCM Information Corp., New York, N.Y., seit 1969
Current Index to Conference Papers in Engineering
Current Index to Conference Papers in the Life Sciences
monatlich; Angabe von Konferenz-Beiträgen

6 Annual International Congress Calendar — Union of Int. Ass., Brüssel, seit 1967
jährlich; Ankündigung internationaler Tagungen

7 Directory of Published Meetings — InterDok Corp., White Plains, N.Y., seit 1965
monatlich; Verzeichnis neuester Tagungsberichte

Yearbook of International Congress Proceedings — Union of Int. Ass., Brüssel, 1969
640 S./1970; 663 S./1972; 690 S.
Verzeichnis von Publikationen, insbesondere Tagungsberichte, internationaler Tagungen in den Zeiträumen 1970–67 / 1962–69 / 1964–71

Firmenschriften

Firmenschriften, auch Hauszeitschriften genannt, werden von größeren Unternehmen herausgegeben. Sie dienen zur Information von Fachleuten („Fachzeitschriften”), Händlern („Händlerzeitschriften”) oder der eigenen Mitarbeiter („Werkzeitschriften”).

Normen, Standards, Spezifikationen

Normen, Standards und Spezifikationen geben Richtlinien an (z. B. Nomenklaturen, Konstruktionsangaben, Angaben über Zusammensetzungen), die zur optimalen Kummunikation bzw. zu Entwicklungs- und Vergleichszwecken von Bedeutung sind. Die sie verzeichnenden Normblätter können in einigen der nebenstehenden Nachschlagewerke und in der Patentliteratur (S. 27) aufgespürt werden.

Kleinschriften (wie Prospekte, Broschüren (pamphlets)) werden im allgemeinen nicht systematisch erfaßt, können informativ aber bedeutend sein.

Vorabdrucke (“preprints”) bilden in einigen Forschungsbereichen (z. B. Hochenergiephysik) ein wichtiges Informationsmittel zur raschen Kommunikation; sie werden auch als „Anmeldung eines Beitrags” bei Tagungen verwendet. Der Zitierwert von Vorabdrucken ist gering, da sie nicht jedermann (und auch im allgemeinen Bibliotheken nicht) zugänglich sind und die enthaltenen Informationen oft als unverbindlich gelten.

Sekundäres Informationsmaterial

Unter bibliographischen Nachschlagewerken werden hier vorwiegend die ‘Bibliographien der Bibliographien’ verstanden; Referateblätter (wie Index- und Abstract-Zeitschriften) werden unter den Zeitschriften (s. S. 20–21) behandelt. Beide Gattungen bilden im wesentlichen die *sekundären* Informationsarten.

Prinzipiell werden Bibliographien in einer der folgenden drei Formen angeführt: nur der Titel mit den wichtigsten bibliographischen Daten (s. S. 22) oder zusätzlich mit Annotation (schlagwortartige Inhaltskennzeichnung) bzw. Kurzreferat (relativ ausführliche Inhaltskennzeichnung).

Bibliographien geben einen Überblick, welche Dokumente (überhaupt) existieren; ob ein bestimmtes Werk in einer Bibliothek vorhanden ist, ist im Bibliothekskatalog (s. S. 34) ersichtlich. Bibliographien selbst lassen sich in „Bibliographien der Bibliographien” ermitteln.

Bibliographische Nachschlagewerke

1 *W. Totok, K.H.Weimann, R.Weitzel* Klostermann, Frankfurt, 1972; 4. Aufl., 401 S.
Handbuch der bibliographischen Nachschlagewerke

Allgemeinbibliographien (Nationalbibliographien, Kataloge, Schriftenverzeichnisse, Biographien, u. a.), Fachbibliographien (Publizistik, Information, Dokumentation) sowie Bibliographien aller Wissensgebiete

2 *C.M.Winchell (E.P. Sheehy)* Am.Library Ass., Chicago, Ill., 1967; 8. Aufl., 768 S. (Ergänzungsbde: 1968; 132 S./1970; 174 S./1972; 199 S.)
Guide to Reference Books

Allgemeine Referenzwerke, Geistes- und Sozialwissenschaften, Geschichte und Geographie, reine und angewandte Wissenschaften. Unterteilung in: Handbücher und Literaturführer, Index- und Referatenblätter, Enzyklopädien und Wörterbücher, Jahres- und Adreßbücher, historische und biographische Schriften

3 *A. J. Walford* [Hrsg] ASLIB, London, 1973/1967/1970; 3./2./2. Aufl., 615/543/585 S.
Guide to Reference Material
Bd 1, Science and technology / Bd 2, Social and historical sciences, philosophy and religion / Bd 3, Generalia, language and literature, the arts

bibliographische Nachschlagewerke (Anordnung nach Universal-Dezimalklassifikation)

4 *L. N. Malclès* Droz, Genf, 1950/1952/1958; 380/960/592 S.
Les sources du travail bibliographique

Bd 1, Bibliographies générales / Bd 2, Bibliographies spécialisées: sciences humaines / Bd 3, Bibliographies spécialisées: sciences exactes et techniques

älteres, aber außergewöhnlich umfangreiches Nachschlagewerk

5 *T. Besterman* Rowman and Littlefield, Totowa, N. J., 1971; 271 S.
Bibliography, Library Science, and Reference Books – a bibliography of bibliographies

Bibliographie der bibliographischen Nachschlagewerke

6 *T. Besterman* Societas Bibliographica, Lausanne, 1965–66; 3. Aufl., 5 Bde
A World Bibliography of Bibliographies and of Bibliographical Catalogues, Calendars, Abstracts, Digests, Indexes, and the like

eine der umfangreichsten Bibliographien

7 *K. O. Saur* [Hrsg] Vlg Dokumentation, München, 1969; 2 Bde, 895 + 825 S.
Internationale Bibliographie der Fachbibliographien für Technik, Wissenschaft und Wirtschaft

Ausgabe A, Einmalig erscheinende Bibliographien (9. Aufl.)
B, Periodisch erscheinende Bibliographien (2. Aufl.)

[Handbuch der technischen Dokumentation und Bibliographie, 3A/B]

Die Bibliographien der Bibliographien werden eingeteilt in:

Allgemeinbibliographien	bestimmt durch *Form* oder *Herkunft* des erfaßten Materials, z. B. Britische Nationalbibliographie
Fachbibliographien	bestimmt durch das *Fachgebiet* des erfaßten Materials, z. B. Bibliographie zur Umweltforschung

Allgemeinbibliographien dienen meist zum formalen Nachweis, dagegen Fachbibliographien zu thematischen Recherchen. Ein Sonderfall der Fachbibliographien sind *Literaturführer* (S. 57–105); sie bringen neben allgemeinen Aspekten zur Informationssuche meist ausführliche bibliographische Verzeichnisse der einschlägigen Fachliteratur.

Schematisch läßt sich das System der bibliographischen Nachschlagewerke wie folgt darstellen:

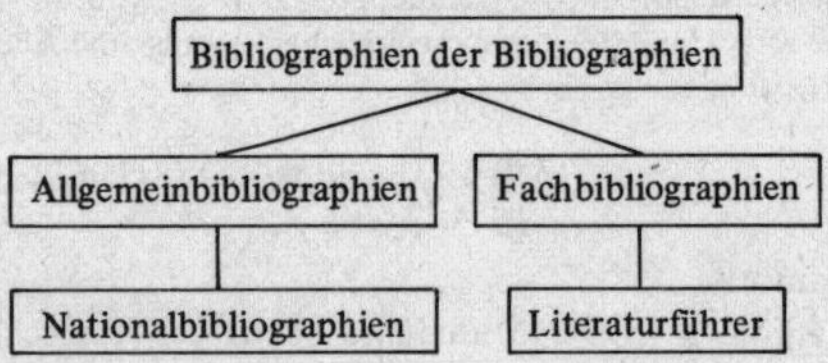

Weitere Unterscheidungsmerkmale sind:

Erscheinungsweise	periodisch, unregelmäßig, einmalig
Zeitraum des zitierten Materials	zurückliegend: retrospektive Bibliographie; ankündigend: prospektive Bibliographie

Bibliographien der Bibliographien sind besonders dann von Nutzen, wenn es sich um eine „breite" Fragestellung handelt; *Beispiele:*

Gründliche Erfassung der Literatur zu einem bestimmten Thema, also möglichst viele Nachschlagewerke erforderlich

Selektive Erfassung der Literatur zu einem bestimmten Thema, also Ermittlung „passender" Nachschlagewerke

Bibliographien der Bibliographien sind wichtige Referenzmittel für Informations- und Dokumentationsfachleute. Daher sind sie in den meisten Bibliotheken separat aufgestellt und dem gewöhnlichen Benutzer (leider) nicht direkt zugänglich.

Bibliographische Nachschlagewerke

1 *M. Franck* [Hrsg] Wilson, New York, seit 1938
The Bibliographic Index –
a cummulative bibliography of bibliographies
vierteljährlich; Bibliographien über allgemeine Literatur und Fachliteratur

2 *F. N. Cheney* American Library Ass., Chicago, Ill., 1971; 327 S.
Fundamental Reference Sources
Kapitelunterteilung in: bibliographische Information (Kataloge, Bibliographien, Indexe, Abstrakte); biographische Information; sprachliche Information (Wörterbücher, Enzyklopädien, statistische Quellen); geographische Information (Karten, Atlanten, Ortsverzeichnisse, Reiseführer); Richtlinien zur Anfertigung von Buchbesprechungen

3 *W. Katz* McGraw-Hill, New York, 1974; 2. Aufl., 2 Bde, 444 + 254 S.
Introduction to Reference Work
Bd 1, Basic information sources
Bd 2, Reference services
Lehrbuch über Referenz-Tätigkeiten. Bibliographische Nachschlagewerke (Bibliographien, Indexe, Auswahllisten, Enzyklopädien, Wörterbücher, Biographien, Adreßbücher, Atlanten und Ortsverzeichnisse)

4 Anonym Maxwell, London, 1969; 230 S.
New Reference Tools for Librarians –
with a bibliography of new books on the library sciences
Referenzwerke und Bibliographien (nach Dewey-Dezimalklassifikation angeordnet)

5 *R. L. Collison* Lockwood, London, 1968; 3. Aufl., 221 S.
Bibliographies, Subject and National –
a guide to their contents, arrangement and use
Fach- und National-Bibliographien

6 *L. J. Strauss, I. M. Shreve, A. L. Brown* Wiley, Becker und Hayes, New York, 1972; 2. Aufl., 450 S.
Scientific and Technical Libraries –
their organization and administration
Handbuch der Bibliothekspraxis in wissenschaftlichen und technischen Bibliotheken. Im Anhang (S. 335–440) Referenzen:
1. Basic Reference Publications (Adreßbücher, Enzyklopädien, Handbücher, Referatendienste, u. a.)
2. Subject Bibliographies and Basic Guides to Reference Material in the Fields of Science and Technology (nach Fachgebieten)

Tertiäres Informationsmaterial

Informationsmaterial heißt „tertiär", wenn es zusammenfassend dargestellt ist („Wissen"); Referenzen (d. h. „sekundäre" Komponente) und Original-Informationen (d. h. die „primäre" Komponente) entfallen im allgemeinen.

Zur tertiären Literatur zählen insbesondere:

Lexika, Enzyklopädien
Wörterbücher
Handbücher
Tabellenwerke
Lehrbücher
populärwissenschaftliche Literatur

Informationsquellen zu den ersten drei sind nebenstehend angegeben; siehe auch in Literaturführern (S. 57–105), vor allem bei bestimmten Fachgebieten. Lehrbücher lassen sich zweckmäßig in Verlagsprospekten und -katalogen „aufspüren".

Eine **Besprechung** (Rezension) ist eine (manchmal wertende) Beschreibung eines Schriftstükkes. Buchbesprechungen erleichtern eine kritische Auswahl, vor allem wenn es um die Frage geht, ob ein bestimmtes Buch angeschafft werden soll oder nicht. Viele Zeitschriften haben eine Rubrik für Buchbesprechungen und erfassen diese oft systematisch in ihren Jahresindexen. Ferner gibt es spezielle Zeitschriften für Buchbesprechungen und entsprechende Fachbibliographien (s. nebenstehende Referenzen und 25.3,4).

Lexika, Wörterbücher, Handbücher

1 *K. O. Saur* [Hrsg] Vlg Dokumentation, München, 1972; 5. Aufl., 543 S.
Fachwörterbücher und Lexika –
ein internationales Verzeichnis
[Handbuch der technischen Dokumentation und Bibliographie, 4]

2 Anonym Vlg Dokumentation, München, 1969/1972; 18 Tle
Wörterbücher und Lexika –
ein internationales bibliographisches Verzeichnis
1969: Berg- und Hüttenwesen, Geologie und Geographie (28 S.)
Buch- und Bibliothekswesen, Publizistik und Abkürzungen (32 S.)
Geisteswissenschaften, Archäologie, Geographie, Pädagogik, Geschichte, Philosophie, Theologie, Sprachwissenschaften (52 S.)
Kunst, Film, Musik, Architektur und Bauwesen (28 S.)
Landwirtschaft und Nahrungsmittel, Veterinärmedizin (24 S.)
Maschinenbau, Elektrotechnik und allgemeine Technik (92 S.)
Medizin, Biologie, Gesundheitswesen, Pharmazie und Vererinärmedizin (36 S.)
Physik und Chemie, Astronomie und Geodäsie (76 S.)
Rechts- und Staatswissenschaften, Politik, Recht, Soziologie und Abkürzungen (32 S.)
Verkehrswesen, Luftfahrt, Transport und Fremdenverkehr (24 S.)
Wehrwesen, Luftfahrt und Geodäsie (24 S.)
Wirtschaftswissenschaften, Betriebs- und Volkswirtschaft, Werbung, Handel und Handwerk (52 S.)
1972: Geisteswissenschaften (80 S.)
Landwirtschaft (36 S.)
Medizin (36 S.)
Naturwissenschaften (80 S.)
Technik (100 S.)
Wirtschaftswissenschaften (80 S.)

3 CODATA [Hrsg] Springer, Berlin, 1969; 295 S.
International Compendium of Numerical Data Projects
S. 218–29: Handbücher und andere Quellen nützlicher tabellarischer Daten. Unterteilung in: mehrbändige Handbücher, breit angelegte Handbücher, Handbücher für Spezialgebiete, Handbücher zur Analytischen Chemie

Buchbesprechungen

4 *O. Zeller* [Hrsg] Dietrich, Osnabrück, seit 1971
Internationale Bibliographie der Rezensionen wissenschaftlicher Literatur
International Bibliography of Book Reviews of scolarly literature
Bibliographie internationale des récensions de la littérature savante

5 *R. A. Gray* Ohio State Univ., Columbus, Ohio, 1968; 221 S.
A Guide to Book Review Citations –
a bibliography of sources
Bibliographie über Buchbesprechungen

2.2. Informationssammlungen

Informationssammlungen werden angelegt, um Informationsmaterial zu erfassen, zu ordnen, zu erschließen und somit potentiellen Benutzern zugänglich zu machen. Derartige Informationssammlungen sind:

Bibliotheken
Archive
Informations- und Dokumentationsstellen
Datenbanken

Im Gegensatz zu diesen Informationssammlungen, die ihre Bestände an Informationsmaterial beibehalten, bleiben sie im *Buchhandel* nur solange bestehen, wie der Vorrat reicht bzw. Nachfrage vorliegt.

Bibliotheken

Bibliotheken enthalten Sammlungen (veröffentlichter) Dokumente, welche nach bestimmten Gesichtspunkten (Budget und Hauptgebiet der betreffenden Bibliothek) ausgewählt werden. *Beispiele* solcher Informationssammlungen:

Nationalbibliothek	erfaßt vorwiegend das Schrifttum des betreffenden Landes
Landesbibliotheken; Staatsbibliotheken	oft die größte Bibliothek eines Bundeslandes oder einer Region
Stadtbüchereien	Bibliotheken für die Bewohner einer Stadt; entsprechend ausgerichtete Bestände
Hochschulbibliotheken Schulbibliotheken Universitätsbibliotheken	Bibliotheken, die den Bedürfnissen dieser Bildungseinrichtungen angepaßt sind
Spezialbibliotheken	z. B. für Behörden, Firmen, Forschungsinstitutionen

Da eine Bibliothek nur begrenzte Bestände haben kann, benutzt sie oft die Dienste anderer Bibliotheken in denjenigen Fällen, in welchen sich der Kauf eines gewünschten Dokuments nicht lohnt oder nicht möglich ist (z. B. vergriffene Bücher). Diese sog. Fernleihe ist ein wichtiger Bestandteil der Bibliotheksfunktion.

Anschaffungs- und Leihverkehr bilden die wichtigsten Aktivitäten einer Bibliothek. Hinzu kommen die Anzeige der Neueingänge und in Fachbibliotheken auch noch die Auswertung der neusten Fachliteratur in Form regelmäßig erscheinender bibliographischer Verzeichnisse.

Bibliotheken ermöglichen den Zugang zu ihren Beständen entweder völlig („offene Bibliothek"), teilweise (in der „Freihand-Bibliothek") oder gar nicht („geschlossene Bibliothek"; Zugang nur über das Bibliothekspersonal). In einer „Präsenzbibliothek" dürfen die Dokumente nur eingesehen, aber nicht entliehen werden.

Bibliotheksbenutzung

1 *R. Kluth* de Gruyter, Berlin, 1971; 202 S.
Einführung in die Bibliotheksbenutzung
Struktur und Funktion von Bibliotheken. Literaturermittlung. Arten der Dokumentensammlungen (gedruckte, photographische, audio-visuelle, elektronische Speicherung). Allgemeine Benutzungshinweise

2 *K. Whittaker* Seminar, New York, 1972; 3. Aufl., 140 S.
Using Libraries –
an information guide for students and for general users
Struktur und Funktion von Bibliotheken. Literatursuche

C. P. Lee Prentice Hall, Englewood Cliffs, N. J., 1971; 237 S.
Library Resources –
how to research and write a paper
Bibliotheksbenutzung. Auswerten von Literatur

3 *P. H. Mann* Deutsch, London, 1971; 208 S.
Books, Buyers and Borrowers
Wie man Bücher in Erfahrung bringt. Bibliotheksbenutzung. Buchgeschenke

Buch- und Bibliothekswesen

4 *P. Meyer-Dohm, W. Strauss* Vlg f. Buchmarktforschung, Frankfurt, 1971– ; 4 Bde
Handbuch des Buchhandels
Bd 1, Allgemeines
Bd 2, Verlagsbuchhandel
Bd 3, Sortimentsbuchhandel
Bd 4, Übrige Formen des Bucheinzelhandels. Zwischenbuchhandel. Buchgemeinschaften

5 *K. O. Saur* [Hrsg] Vlg Dokumentation, München, 1970; 9. Aufl., 650 S.
Die Fachliteratur zum Buch- und Bibliothekswesen
[Handbuch der technischen Dokumentation und Bibliographie, 2]

6 *R. Hacker* Vlg Dokumentation, München, 1973; 2. Aufl, 368 S.
Bibliothekarisches Grundwissen
Aufbau und Funktion einer Bibliothek
[UTB 148]

7 *R. Kluth* Harrassowitz, Wiesbaden, 1970; 372 S.
Grundriß der Bibliothekslehre
Bibliothekswissenschaft, Literatur- und Publikationskunde, Bibliothekslehre. Bibliographie

Die Erschließung der Bestände einer Bibliothek erfolgt durch *Kataloge:*

● Alphabetischer Katalog	enthält Verfasser-Namen und/oder Titel in alphabetischer Reihenfolge
● Sachkatalog	führt die Dokumente nach Sachgebieten auf (s. unter Klassifikation, S. 50), entweder als systematischer oder als Schlagwort-Katalog
systematischer Katalog	Aufführen der Dokumente nach Klassifikationsgruppen; Ermittlung einer Gruppe im alphabetisch geordneten *Schlagwortindex*
Schlagwortkatalog	Aufführen der Dokumente nach alphabetisch geordneten Schlagwörtern; im zugehörigen *systematischen Index* sind die Schlagwörter gemäß einem Ordnungssystem aufgeführt
	Schlagwortkatalog vereinigt mit Verfasser- und Titelkatalog heißt Kreuzkatalog (dictionary catalog); vorwiegend in den USA gebräuchlich
● Sonderkataloge	z. B. für Dissertationen (alphabetische Ordnung nach Verfasser); für Tagungsberichte (chronologische Ordnung nach Tagungsdatum)

Eine Katalogkarte enthält im allgemeinen die folgenden Angaben:

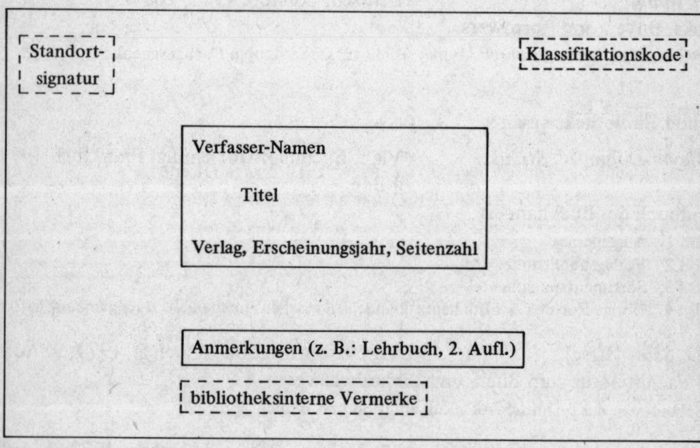

Die Standortsignatur richtet sich nach dem in der betreffenden Bibliothek verwendeten Klassifikationssystem (s. S. 50): bei *alphanumerischer* Klassifikation enthält sie die Eingangsnummer des betreffenden Dokuments, manchmal auch noch eine Format-Bezeichnung (einige Bibliotheken stellen ihre Bücher der Größe nach auf); bei *systematischer* Klassifikation enthält sie oftmals den Klassifikationskode (oder einen Teil davon) und eine Buchstabengruppe (z. B. die ersten drei Buchstaben des Verfasser-Namen).

Archive sind Sammlungen von Schriftstücken und anderem Material, das nicht sehr verbreitet ist, manchmal sogar nur einmalig vorhanden ist (z. B. Akten, Kunstgegenstände). Sie dienen im allgemeinen mehr dem gesicherten und geordneten Ablegen als dem Möglichmachen, mit diesem Material zu arbeiten (Ausnahme: Pressearchive). Entsprechend ist der Zugang zu Archiven schwieriger als zu Bibliotheken; das gesammelte Material darf meist nur eingesehen und nicht entliehen werden.

Spezialbibliotheken, Archive

1 *F. Meyen* Vieweg, Braunschweig, 1971; 3. Aufl., 208 S.
Verzeichnis der Spezialbibliotheken in der Bundesrepublik einschließlich West-Berlin

2 *K. G. B. Bakewell* Pergamon, London, 1969; 192 S.
Industrial Libraries throughout the World
Industrie-Bibliotheken

3 *H. A. Elsner* Schiele und Schön, Berlin, 1964; 80 S.
Nutzung der Fachliteratur –
eine Einführung in Dokumentation und fachliches Informationswesen
Informationswesen in Betrieben besonders berücksichtigt

4 *R. Muziol* Vlg Dokumentation, München, 1971; 3. Aufl., 196 S.
Pressedokumentation –
Anleitung für die Arbeit in Pressearchiven

5 *P. C. Brooks* Univ. of Chicago Press, Chicago, Ill., 1969; 127 S.
Research in Archives –
the use of unpublished primary sources
Einführung in die Archiv-Benutzung

Adreßbücher

6 *A. P. Wales* Wales, London, 1972; 4. Aufl, 1 300 S.
Weltadreßbuch der Bibliotheken / International Library Directory –
libraries throughout the world, libraries with specialized subjects
Adreßbuch (Anordnung alphabetisch nach Fachgebieten)

7 *S. von Uslar, M. Schutze* [Hrsg] Vlg Dokumentation, München, 1967; 100 S.
Bibliographie der Bibliotheksadreßbücher

8 *K. O. Saur* [Hrsg] Vlg Dokumentation, München, 1974; 4. Aufl., 2 Tle, 2 000 S.
Internationales Bibliotheks-Handbuch
Adressen von Bibliotheken sowie deren Bestände und Klassifikation
Tl 1, Ordnung nach Kontinenten, Ländern, Orten
Tl 2, Ordnung nach Sammelgebieten
[Handbuch der technischen Dokumentation und Bibliographie, 8]

Informationsstellen

Informations- und *Dokumentationsstellen* (hier zusammengefaßt unter dem Begriff Informationsstellen) sind Informationssammlungen im besonderen Sinn: es geht weniger darum, Dokumente zu sammeln (wie in Bibliotheken und Archiven), als diese zu erschließen; dem Benutzer werden die aufbereiteten Informationen über Referate- und Auskunftsdienste zugänglich gemacht, selten die zugrunde liegenden Dokumente selbst. Gibt es nur eine (meist: nationale oder zentrale) Informationsstelle, so spricht man von Informations- bzw. Dokumentations*zentrum*. In den sogenannten *Informationsanalysestellen* (Wissensbewertungsstellen) werden die erschlossenen Informationen einer kritischen Wertung unterzogen und „harte Daten" extrahiert, d. h. reine Zahlen (z. B. thermophysikalische Eigenschaften von Metallen). Derartiges Zahlenmaterial wird in *Datenbanken* gespeichert; Methoden der elektronischen Datenverarbeitung ermöglichen dabei eine rasche Ein- und Ausgabe der betreffenden Informationen (z. B. Zahlen zur Bevölkerung und Motorisierung in Großstädten; Symptome und Gegenmittel bei Vergiftungen).

Ein Teil der Informationsstellen wurden mit dem Zweck eingerichtet, einmalige Fragen zu beantworten oder regelmäßig Auskunft über neueste Literatur zu erteilen. Letzteres heißt gezielte Informationsverbreitung (selective dissemination of information); hierzu muß ein „Interessenprofil" erstellt werden, bestehend aus abfragbaren Merkmalen (z. B. Autorenname, Zeitschriftentitel (genormte) Schlagwörter), um das Ausdrucken bibliographischer Listen zu ermöglichen.

Die Güte des Informationswiederauffinden (information retrieval) läßt sich quantitativ durch die folgenden Größen beschreiben: es sei

a	=	Zahl der ausgegebenen, relevanten Referenzen
b	=	Zahl der ausgegebenen, irrelevanten Referenzen
c	=	Zahl der nicht-ausgegebenen, relevanten Referenzen
d	=	Zahl der nicht-ausgegebenen, irrelevanten Referenzen
a+b+c+d	=	Gesamtzahl aller im System enthaltenen Referenzen;

dann ist definitionsgemäß:

Vollständigkeits-Koeffizient (recall ratio)	=	$a/(a + c)$
Genauigkeits-Koeffizient (precision or relevance ratio)	=	$a/(a + b)$

In einem idealen System wären $b = 0$, $c = 0$, also Vollständigkeits- und Genauigkeits-Koeffizient = 1.

National und international

1 Anonym — UNESCO, Paris, 1969; 287 S.
World Guide to Technical Information and Documentation Services
Technische Informations- und Dokumentations-Dienste, nach Ländern geordnet; Angabe von Bibliotheken, Bibliographien, Publikationen, Kosten

2 Anonym — OECD, Paris, 1971; 340 S.
Inventory of Major Information Systems and Services in Science and Technology
Verzeichnis der Informationsstellen auf dem Gebiet der Forschung und Entwicklung

3 *C. H. Williams* — Hodgson, London, 1970; 3. Aufl., 309 S.
Guide to European Sources of Technical Information
Adreßbuch europäischer Informationsstellen; Angabe von Tätigkeitsgebiet (Technik) und Publikationsorgan (Unterteilung nach Fachgebieten, anschließend nach Ländern)

4 Anonym — UNESCO, Paris, 1971; 3. Aufl. 195 S.
Guide to National Bibliographic Information Centers
Informationszentren, nach Ländern geordnet

5 *R. L. Collison* — Clio, Riviera Campus, Santa Barbara, Calif., 1971; 122 S.
Abstracts and Abstracting Services
Referate und Referaten-Dienste

6 Anonym — Int. Fed. f. Documentation, Den Haag, 1969; 2 Bde, 284 S.
Abstracting Services
Bd 1, Science, Technology, Medicine, Agriculture
Bd 2, Social Sciences, Humanities
Referaten-Dienste, nach Fachgebieten

deutschsprachig

7 *S. Barlen* — Beuth, Berlin, 1968; 6. Aufl., 217 S.
Verzeichnis von Schrifttum-Auskunftstellen
Informationsmöglichkeiten in der BRD und DDR; Dokumentations-Tätigkeiten von 500 Institutionen und Verwaltungsstellen. Anordnung nach Universal-Dezimalklassifikation

8 Institut f. Dokumentationswesen, Frankfurt [Hrsg] — Reichert, Wiesbaden, 1974; 396 S.
Verzeichnis deutscher Informations- und Dokumentationsstellen

Einige *Beispiele* nationaler und internationaler Informationsstellen:

national (BRD)

Informationswissenschaften	Dokumentationszentrum für Informationswissenschaften bei der Deutschen Gesellschaft für Dokumentation, Frankfurt/M.
Chemie	Arbeitsgemeinschaft Chemie-Dokumentation, Frankfurt/M.
	Literatur-Schnelldienst der Deutschen Gesellschaft für Chemisches Apparatewesen, Frankfurt/M.
	Chemie-Informationsdienst der Gesellschaft Deutscher Chemiker, Frankfurt/M.
	Internationale Dokumentationsgesellschaft für Chemie, Frankfurt/M.
Kernforschung, Kernenergie	Zentralstelle für Atomkernenergie-Dokumentation bei der Gesellschaft für Kernforschung, Karlsruhe
Medizin	Deutsches Institut für medizinische Dokumentation und Information, Köln
Elektrotechnik	Dokumentationsring Elektrotechnik, Erlangen
Verkehr	Deutscher Bundesbahn-Dokumentationsdienst, Frankfurt/M.
	Zentrale Informationsstelle für Verkehr der Deutschen Verkehrswissenschaftlichen Gesellschaft, Köln
	Zentralstelle für Luftfahrtdokumentation und -information der Deutschen Forschungs- und Versuchsanstalt für Luft- und Raumfahrt, München
Werkstoffe	Zentrale Dokumentation der Bundesanstalt für Materialprüfung, Berlin
	Zentrale Dokumentations- und Informationsstelle für Werkstoffdaten
Maschinenbau	Dokumentation Maschinenbau, Düsseldorf
Soziologie	Informationszentrum für sozialwissenschaftliche Forschung bei der Arbeitsgemeinschaft sozial-wissenschaftlicher Institute, Bonn-Bad Godesberg
Fachliteratur	Technische Informationsbibliothek, Hannover

national (USA)

Nationale Vermittlungsstelle für Wissenschaft und Technologie	National Referral Center for Science and Technology, Library of Congress, Washington, D. C. 20 540

international

ESRO	European Space Research Organization, Space Documentation Service, Frascati (RECON, Remote Console)
EURATOM	European Atomic Energy Community, Centre for Information and Documentation, Luxemburg (ENDS, European Nuclear Documentation System)
FAO	Food and Agricultural Organization of the United Nations, Rom (AGRIS, Agricultural Information System)
IAEA	International Atomic Energy Agency, Division of Scientific and Technical Information, Wien (INIS, International Nuclear Information System)
ILO	International Labour Organization, Genf (ISIS, Integrated Scientific Information System)
NLB	National Library of Medicine, Washington (MEDLARS, Medical Literature Analysis and Retrieval System)

1 Anonym — Zentralinstitut f. Information und Dokumentation, Berlin, 1966; 232 S.
Wegweiser durch die Information und Dokumentation der DDR – Informationseinrichtungen und die von ihnen herausgegebenen Informationsdienste

2 Österreich. Ges. f. Dokumentation und Bibliographie [Hrsg] — Hollinek, Wien, 1970; 2. Aufl., 100 S.
Dokumentation und Information in Österreich – Verzeichnis der Dokumentations- und Informationsstellen und ihrer Dienste. Dokumentationsführer auf den Gebieten Technik, Wirtschaft, Medizin, Natur-, Geistes- und Sozialwissenschaften

3 Anonym — Schweizer. Vereinigung f. Dokumentation, Bern, 1958; 144 S.
Archive, Bibliotheken und Dokumentationsstellen in der Schweiz

Datenbanken

4 CODATA [Hrsg] — Springer, Berlin, 1969; 295 S.
International Compendium of Numerical Data Projects
Beschreibung von Datensammlungen in Wissenschaft und Technik. Nationale Aktivitäten und CODATA-Kommittees. Datenzentren, die mehrere Wissensgebiete erfassen. Numerische Datenprojekte und deren Publikationsorgane. Neue und sekundäre Zentren. Handbücher und andere Quellen tabellarischer Daten

5 *R.M. Hayes, J. Becker* — Wiley, Becker und Hayes, New York, 1970; 900 S.
Handbook of Data Processing for Libraries
Anhang 3, S. 829–75: Inventory of available data bases
Verzeichnis von Datenzentren (Adresse, Tätigkeitsmerkmale, Referenzen, verfügbare Daten)

6 Intergovernmental Bureau for Informatics, Rome [Hrsg] — Europa Publ., London, 1974; 3. Aufl., 636 S.
International Directory of Computer and Information Systems
Adreßbuch der Datenbanken

7 *L. Cohan* — Science Ass. Inst., New York, seit 1968
Directory of Computerized Information in Science and Technology
Adreßbuch der Datenbanken in Wissenschaft und Technik (Loseblatt-Ausgabe, die ständig auf dem neuesten Stand gehalten wird)

8 *R. Finer* — Aslib, London, 1972; 113 S.
A Guide to Selected Computer-Based Information Services
Informationsstellen (Fachgebiet, Kosten, Adresse)

2.3. Informationsproduzenten

Information wird „produziert" (d. h. herausgegeben, angeregt, niedergeschrieben), um gewisse Informationsbedürfnisse (aktiv oder passiv) zu befriedigen. Zu den Informationsproduzenten zählen:

Gesellschaften
Institutionen
Unternehmen
Personen (Autoren)

Die nebenstehenden Verzeichnisse und Adreßbücher sind ein wichtiges Hilfsmittel, um mit derartigen Informationsproduzenten Kontakt aufzunehmen.

Manchmal fehlt bei Dokumenten die Angabe des Verfassers; statt dessen wird die Körperschaft (d. i. eine Gesellschaft, Institution, Firma, Universität, Land oder Verein) angegeben, die das Schriftstück herausgegeben hat: „korporativer Verfasser".

Adreßbücher

1 *A. P. Harvey* Hodgson, Guernsey, 1972; 2. Aufl, 513 S.
Directory of Scientific Directories –
a world guide of scientific directories including medicine, agriculture, engineering, manufacturing, and industrial directories

Nachschlagewerke über Institutionen und Personen in Wissenschaft und Technik. Unterteilung nach: allgemeinen Adreßbüchern, Fach-Adreßbüchern für Physik, Chemie, Mathematik, Luftfahrt, Geologie, Meteorologie, Biologie, Anthropologie, Medizin, Gesundheitswesen, Land- und Forstwirtschaft, Ingenieurwissenschaften, Industrie

2 *K. O. Saur* [Hrsg] Vlg Dokumentation, München, 1973; 5. Aufl., 540 S.
Internationale Bibliographie der Fachadreßbücher –
Wirtschaft, Wissenschaft, Technik

[Handbuch der technischen Dokumentation und Bibliographie, 5]

3 Anonym United Nations, New York, 1970; 137 S.
Guide to Industrial Directories

Industrielle Adreßbücher

4 *R. J. Fifield* Hodgson, Guernsey, 1974; 2.Aufl., 25 Bde, 5 000 S.
Guide to World Science

Wissenschaftliche Institutionen; Adressen nach Ländern geordnet

Institutionen

5 Anonym Hodgson, Guernsey, 1972; 3. Aufl., 2 Bde, 2 300 S.
European Research Index –
a guide to establishments in Europe conducting, promoting and encouraging research in science and technology including agriculture and medicine X

Adressen europäischer Forschungs-, Entwicklungs- und Förderungs-Institutionen

6 *W. Schuder* [Hrsg] de Gruyter, Berlin, 1972; 724 bzw. 1 160 S.
Minerva – X
internationales Verzeichnis wissenschaftlicher Institutionen: 'Wissenschaftliche Gesellschaften' bzw. 'Forschunginstitute'

Angaben (Adresse, Ziele) über 8 000 wissenschaftliche Gesellschaften bzw. 13 000 Forschungsinstitute

7 Anonym Union of Intern. Associations, Brüssel, 1972; 14. Aufl., 1 200 S.
Yearbook of International Organizations, 1972–73

3 600 Organisationen (Adresse, Geschichte, Aufbau, Ziele, Tätigkeiten); verschiedene Register

v. Vademecum (s. Lit.liste)

Ausbildungsstätten werden hier insofern zu den Informationsproduzenten gezählt als sie neben der Lehre vielfach auch Forschung betreiben und so neue Erkenntnisse (Informationen) beitragen.

Unternehmen sind Informationsproduzenten besonderer Art. Wichtigstes Beispiel sind die *Verlage*; sie besorgen die Herausgabe und Verbreitung neuen Informationsmaterials und gelten als Vermittler zwischen Autor und Benutzerkreis. *Firmen* fungieren als Informationsproduzenten, wenn sie Schriftstücke (z. B. Prospekte, Kataloge, Hauszeitschriften, Fachbücher) herausgeben.

Einen Überblick der Erzeugnisse von Verlagen vermitteln die Barsortimentskataloge (Lieferverzeichnisse großer Vertriebsfirmen), Nationalbibliographien (s. S. 23) sowie Verzeichnisse wie “Books in print” (Bowker, New York) oder das „Verzeichnis lieferbarer Bücher” (s. 23.8).

Die sogenannten Bezugsquellen-Verzeichnisse (*buyer's guides*) geben einen Überblick der Erzeugnisse von Firmen. Sie erscheinen als eigenständige Nachschlagewerke, z. B.:

Jaeger's Europa Register
B.D.I. Deutschland liefert
Einkaufs-1 x 1 der Deutschen Industrie
Kompaß-Register
Schweizer Einkaufsführer
Kemp's Directory [England]
Annuario Politecnico Italiano [Italien]
Prodei [Spanien]

oder auch als Sonderhefte von Fachzeitschriften, z. B.:

Analytical Chemistry 46 (10), 330 S. (1974): “Lab Guide 1974–75”
Design Engineering 19 (12), 200 S. (1973): “1974 Materials Selector and Design Guide”
Materials Engineering 78 (4), 484 S. (1973): “Materials Selector 74”
Science 182 A (4114 A), 124 S. (1973): “Guide to Scientific Instruments, 1973–74”

Biographische Nachschlagewerke sind von großem Nutzen, wenn Lebensdaten, Ausbildungsgang, Publikationen, Tätigkeitsfeld und Adresse bedeutender Persönlichkeiten in Erfahrung gebracht werden sollen. Zu den bekanntesten Biographien zählen die “Who's who”.

Universitäten

1 *K. O. Saur* [Hrsg] Vlg Dokumentation, München, 1971–72; 4 Bde, 3 760 S.
Internationales Universitäts-Handbuch
[Handbuch der technischen Dokumentation und Bibliographie, 10]

2 *K. O. Saur* [Hrsg] Vlg Dokumentation, München, 1970–71; 4 Bde, 1 748 S.
Dokumentation der Wissenschaft –
Fakultäten, Institutionen, Personen
Bd 1, Medizin; Bd 2, Naturwissenschaften; Bd 3, Technik;
Bd 4, Wirtschafts- und Sozialwissenschaften, Rechtswissenschaften

3 Anonym de Gruyter, Berlin, 1972; 35. Aufl., 4 Bde, 5 565 S.
Minerva –
Jahrbuch der gelehrten Welt
Bd 1, Europäische Länder; Bd 2, Außer-Europäische Länder
Adreßbuch von Universitäten und Fachhochschulen

Unternehmen

4 *K. O. Saur* [Hrsg] Vlg Dokumentation, München, 1974; 6. Aufl., 2 Tle, 2 000 S.
Internationales Verlagsadreßbuch
[Handbuch der technischen Dokumentation und Bibliographie, 7]

5 Anonym Stamex, Hilversum, seit 1949 (jährlich)
Wer liefert was? –
Bezugsquellenverzeichnis für den Einkauf

Personen

6 *R. B. Slocum* Gale, Detroit, Mich., 1967; 1 056 S. (Ergänzungsband 1972; 875 S.)
Biographical Dictionaries and Related Works –
an international bibliography of collective biographies, bio-bibliographies, collections of epitaphs, selected works, dictionaries of anonyms and pseudonyms, historical and spezialized dictionaries, biographical materials in government manuals, bibliographies of biography, biographical indexes, and selected portrait catalogs
Verzeichnis biographischer Werke

7 Anonym Institute f. Scientific Information, Philadelphia, Penn., 1972
ISIS' Who is Publishing in Science
Anschriften von 220 000 Autoren, die 1971 wissenschaftliche oder technische Veröffentlichungen gemacht haben

8 Anonym Wilson, New York, seit 1947
Biography Index –
a cummulative index to biographical material in books and magazines
vierteljährlich; biographische Angaben zu Autoren von Büchern und Zeitschriftenartikeln

3. Informationssuche

Dieses Kapitel behandelt die Vorgänge bei der Informationssuche: die *Suchmethodik* beschreibt ganz allgemein die Prinzipien und Ansatzpunkte bei der Recherche, wobei die Kenntnis der wichtigsten *Klassifikations- und Indexarten* von Nutzen ist. Literaturführer sind ein wertvolles Hilfsmittel, um sich gezielt zu informieren; sie werden hier eingeteilt nach dem Suchzweck:

Orientierung über ein Wissensgebiet
Daten und Fakten (zum Nachschlagen)
Fachliteratur (nach Fachgebieten)

Dazu werden noch wichtige Fachbegriffe in englischer und deutscher Sprache angegeben, welche nützliche Ansatzpunkte bei Informationssuchen bilden.

3.1. Suchmethodik

Suchmethodik ist das systematische Vorgehen, um Informationen aufzufinden. Wichtigste Voraussetzungen sind:

- möglichst genaues Umreißen der gesuchten Information hinsichtlich Zweck und erwartetem Umfang des Ergebnisses („Eine gezielte Fragestellung ist schon die halbe Antwort")
- Vorstellungen vom Suchaufwand, z. B. zeitlicher Aufwand beim eigentlichen Suchen oder Anfordern eines Dokumentes über Fernleihe; finanzieller Aufwand bei Inanspruchnahme der Dienste einer Informationsstelle („Die Antwort auf eine Fragestellung soll in passender Form zum passenden Zeitpunkt vorliegen")

Hinsichtlich des Erfolges einer Informationssuche lassen sich drei Typen unterscheiden:

- das Ergebnis ist leicht ermittelbar, d. h. direkt nachschlagbar (z. B. „Bevölkerungszahlen der Weltstädte in den Jahren 1950–1970")
- das Ergebnis ist durch einen großen Zeitaufwand ermittelbar, d. h. es ist eine detaillierte Recherche erforderlich (z. B. „Reformvorschläge zum Hochschulwesen seit der Jahrhundertwende")
- das Ergebnis ist nur ansatzmäßig ermittelbar, da es noch keine geeignete Literatur gibt (z. B. „Wie werden unsere Arbeits-, Ausbildungs-, Urlaubs- und Wohnplätze um 1980 aussehen? ")

Die genannten Voraussetzungen und Erfolgschancen sollte man bei einer Informationssuche überprüfen und versuchen abzuschätzen, welcher Suchaufwand vertretbar ist, um eine befriedigende Antwort auf eine Fragestellung zu finden.

Bei der Wahl der Informationsquellen sind die folgenden Niveau- bzw. Zweckabstufungen maßgebend: Orientierung, Daten und Fakten, Fachliteratur. Das nebenstehende Schema verweist auf zugehöriges Informationsmaterial und die entsprechenden Informationssammlungen. Diese Einteilung in drei Gruppen bedeutet natürlich eine starke Vereinfachung; in praxi werden oftmals Informationen gesucht, die sich den genannten Gruppen nicht eindeutig zuordnen lassen (z. B. Information über Weiterbildungsmöglichkeiten in einem Berufszweig).

1 *R. Weitzel* Poeschel, Stuttgart, 1962; 140 S.
Bibliographische Suchpraxis – eine Einführung

Gesuchte Information (Orientierung/Daten und Fakten/Fachliteratur) und die zugehörigen Fundstellen (Informationsmaterial und -sammlungen)

was? / wo?	Orientierung	Daten und Fakten	Fachliteratur
Informations-material	populärwiss.Lit.(S.20,22) Übersichtsartikel (desgl.) Einführungen (S.20, 22) Lehrbücher (S. 22) Zeitungen (S. 20)	Enzyklopädien (S.32) Tabellenwerke (S.32) Handbücher (S. 32) Bezugsquellen-Verz.(S.44)	*primär* Fachbücher (S.22) Fachzeitschriften(S.20) *sekundär* Referateblätter u.Index-Zeitschriften (S. 20) Bibliographien (S. 28) *tertitär* Nachschlagewerke (S.32)
	Literaturführer (S. 56)	Literaturführer (S. 62)	Literaturführer (S. 64)
Informations-sammlungen	Bibliotheken (S. 34)		
	Buchhandel (S. 34)		
		Informationsstellen (S. 38)	
		Datenbanken (S. 38)	

Die Tabelle auf Seite 47 gibt eine Gegenüberstellung wieder, *welches* Informationsmaterial für *welchen* Informationszweck in Betracht kommt. Im folgenden Schema wird dagegen dargestellt, *wie* man zum betreffenden Informationsmaterial findet; genauer gesagt „finden kann", da viele Wege möglich sind. Ein meist erfolgreiches Verfahren besteht übrigens darin, einen Kollegen zu fragen und/oder eine geeignete Publikation zum „Einstieg" zu finden und anhand der dort angegebenen Referenzen weiterzusuchen.

Fließschema zur Informationssuche

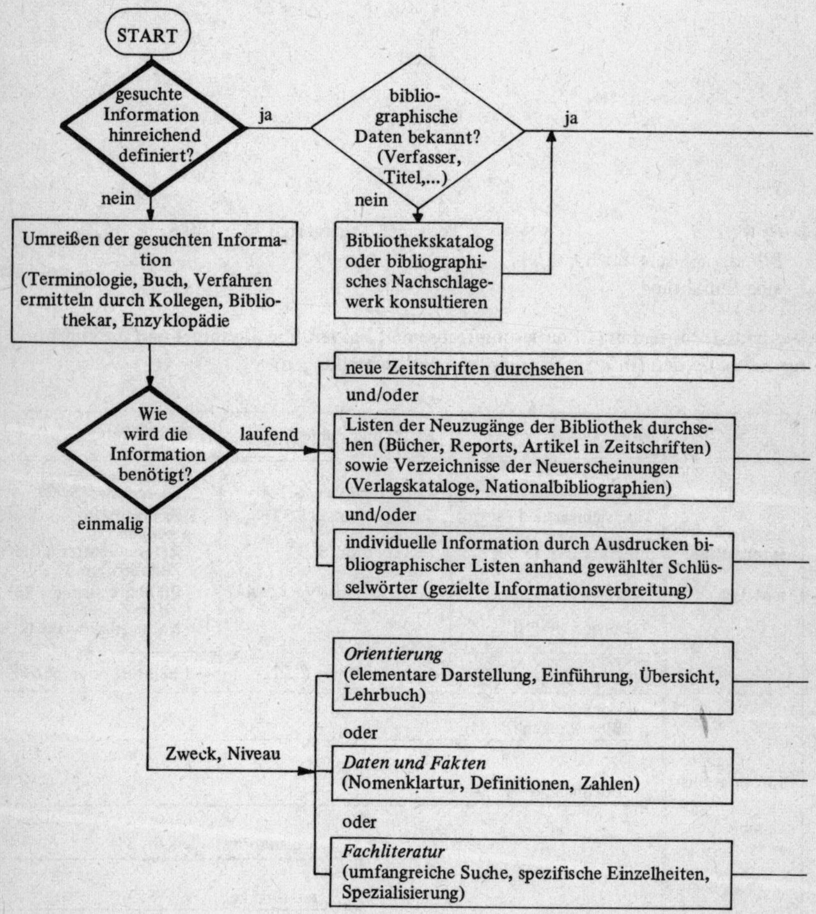

Anmerkung zur Einteilung: Orientierung, Daten und Fakten, Fachliteratur: In jedem Wissensgebiet wird „Randinformation" benötigt, d. h. Information über verwandte oder gar ganz andere Bereiche als das eigene Tätigkeitsfeld. Beispiel: Ein Arzt, der Anleitungen über statistische Auswertemethoden bei medizinischen Untersuchungen braucht. Hier ist Literatur der Gruppen „Orientierung" sowie „Daten und Fakten" erwünscht und nicht „Fachliteratur" zur Statistik (die vorwiegend für die eigentlichen Fachleute gedacht ist).

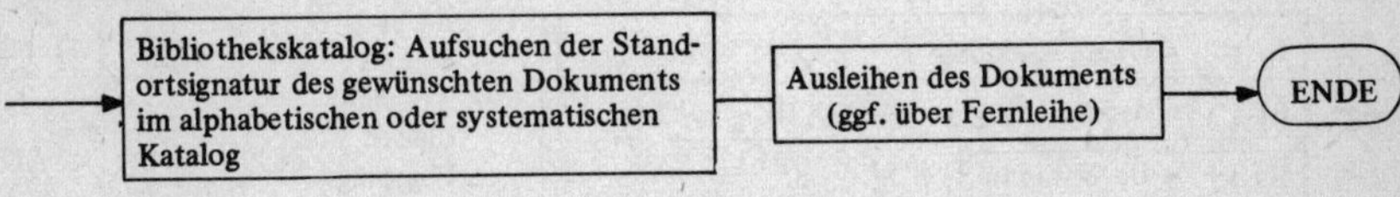

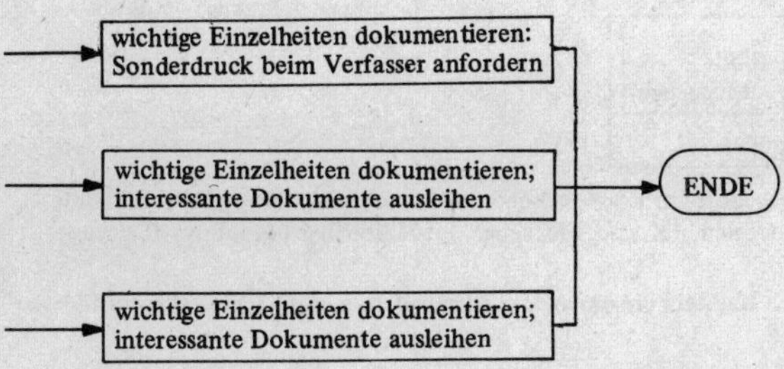

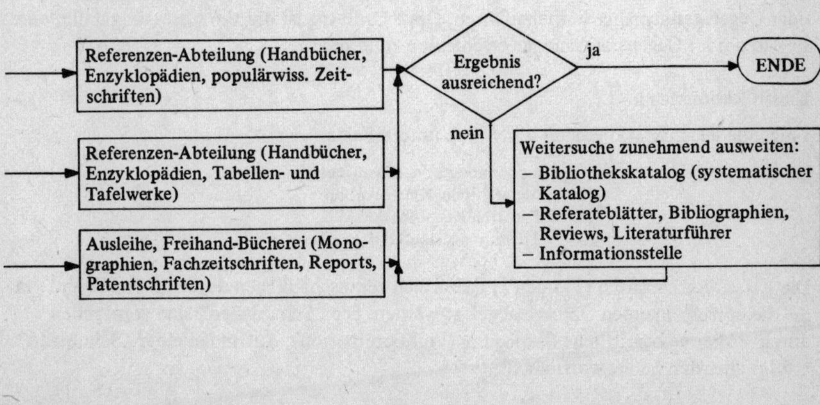

3.2. Klassifikations- und Indexarten

Klassifikation läßt sich definieren als Gruppierung einer Objekt- oder Begriffsmenge (B_{ij}) nach Klassen (K_i). Klassen sind in sich konsistent (gleiche Merkmale); ihre Anordnung unterliegt meist einer gewissen Systematik. Bei der *Indexierung* werden den einzelnen Objekten ein oder mehrere Begriffe zugeordnet, welche im Register (meist) alphabetisch aufgeführt werden. (Register wird hier als Wort-Verzeichnis aufgefaßt; für bibliographische Titel-Verzeichnisse wird der Term 'Index' (s. S. 54) verwendet.) *Beispiel:*

Klassifikation
(K_1 = Bekleidung, K_2 = Nahrungsmittel, K_3 = Verkehrsmittel

K_1
- $B_{1.1}$ = Oberbekleidung
  - $B_{1.1.1}$ = Anzüge, $B_{1.1.2}$ = Kleider, $B_{1.1.3}$ = Schuhe
- $B_{2.1}$ = Unterwäsche

K_2
- $B_{2.2}$ = Fleisch
- $B_{2.2}$ = Obst
  - $B_{2.2.1}$ = Äpfel, $B_{2.2.2}$ = Bananen

K_3
- $B_{3.1}$ = Luftfahrzeuge
  - $B_{3.1.1}$ = Ballons, $B_{3.1.2}$ = Flugzeuge
- $B_{3.2}$ = Wasserfahrzeuge

Register

Anzüge	$B_{1.1.1}$
Äpfel	$B_{2.2.1}$
Ballons	$B_{3.1.1}$
Bananen	$B_{2.2.2}$
Fleisch	$B_{2.1}$
Flugzeuge	$B_{3.1.2}$
Kleider	$B_{1.1.2}$
Luftfahrzeuge	$B_{3.1}$
Oberbekleidung	$B_{1.1}$
Obst	$B_{2.2}$
Schuhe	$B_{1.1.3}$
Unterwäsche	$B_{1.2}$
Wasserfahrzeuge	$B_{3.2}$

Bei Bedarf kann ein Indexierungsbegriff zur Klasse erhoben und anschließend begrifflich fein-unterteilt werden (z. B. Unterteilung der neuen Klasse 'Flugzeuge' in: Militärflugzeuge, Privatflugzeuge, Zivilflugzeuge).

Die Gliederung eines Buches nach Kapiteln entspricht der Klassifikation, das Sachregister der Indexierung.

Klassifikation und Indexierung sind Verfahren, um *Ordnung* innerhalb einer Begriffs- oder Gegenstandsmenge herbeizuführen. Diese Ordnung ist die Voraussetzung dafür, eine Begriffs- oder Gegenstandsmenge erschließen zu können.

Klassifikationsarten

Folgende Klassifikationsarten lassen sich unterscheiden:

(1) alphanumerische Klassifikation
(2) hierarchische Klassifikation
(3) Facetten-Klassifikation
(4) Thesaurus-Klassifikation

Die Klassifikationsarten (1) und (2) lassen sich veranschaulichen durch „Schubladen", in die die einzuordnenden Objekte abgelegt werden. Die „Schubladen" sind vorgegeben durch vorherige begriffliche Festlegung (Präkoordination); Auffinden einer „Schublade" erfolgt über den Schlagwortindex.

Universelle Dezimalklassifikation

0 **Allgemeines**

00 Grundlagen der Wissenschaft
01 Bibliographie
02 Bibliothekswesen
03 Allgemeine Enzyklopädien
04 Aufsatzsammlungen
05 Zeitschriften
06 Institutionen. Tagungen
07 Zeitungen
08 Sammelwerke
09 Handschriften

1 **Philosophie**

11 Metaphysik
12 Spezielle Metaphysik
13 Philosophie des Geistes
14 Metaphysisch-Ontologisches
15 (unbesetzt, ausgenommen 159.9 Psychologie)
16 Logik. Erkenntnistheorie
17 Praktische Philosophie
18 Ästhetik
19 Geschichte der Philosophie

2 **Religion. Theologie**

21 Natürliche Theologie
22 Bibel
23 Dogmatik
24 Praktische Theologie
25 Pastoraltheologie
26 Christliche Kirche
27 Christliche Kirchengeschichte
28 Christliche Sekten
29 Nichtchristliche Religionen

3 **Sozialwissenschaften. Recht**

30 Soziologie
31 Statistik
32 Politik
33 Volkswirtschaft
34 Rechtswissenschaft. Recht
35 Verwaltung
36 Versicherung
37 Ausbildung
38 Handel. Verkehr
39 Völkerkunde

4 (unbesetzt)

5 **Mathematik. Naturwissenschaften**

50 Allgemeines
51 Mathematik
52 Astronomie. Geodäsie
53 Physik
54 Chemie. Mineralogie
55 Geologie. Meteorologie
56 Paläontologie
57 Biologie
58 Botanik
59 Zoologie

6 **Angewandte Wissenschaften**

61 Medizin
62 Ingenieurwesen. Technik
63 Landwirtschaft. Forstwirtschaft
64 Hauswirtschaft
65 Betriebsführung. Management
66 Chemische Technik
67 Industrie und Gewerbe (dsgl. 68)
69 Bauwesen

7 **Kunst. Photographie. Sport**

71 Städtebau. Landesplanung
72 Architektur
73 Bildhauerei
74 Zeichenkunst. Kunstgewerbe
75 Malerei
76 Graphik
77 Photographie
78 Musik
79 Sport. Spiele

8 **Sprach- und Literaturwissenschaft**

80 Sprachwissenschaft. Philologie
82 Literaturwissenschaft

9 **Geographie. Biographie. Geschichte**

90 Allgemeines
91 Geographie. Reisen
92 Biographien
93 Geschichte
94 Neuere Geschichte

Beispiel: 51 Mathematik
519 Kombinatorik
519.2 Mathematische Statistik

016 : 519.2 = 20 Bibliographie englischsprachiger, (mathematisch-)statistischer Werke

Dagegen werden bei den Klassifikationsarten (3) und (4) den zu ordnenden Objekten mehrere charakteristische Begriffe (die den Facetten bzw. dem Thesaurus entstammen) zugeteilt. Das Auffinden eines Objektes erfolgt durch Kombination derartiger Begriffe zum Zeitpunkt des Suchens (Postkoordination).

(1) Alphanumerische Klassifikation

Die primitivste Version ist die alphabetische (z. B. Verfasser-Namen) bzw. numerische (z. B. Eingangsdatum) Aneinanderreihung der zu ordnenden Bezeichnungen.
Eine verfeinerte Version besteht darin, die Objekte nach *Schlüsselwörtern* zu ordnen, und zwar entweder alphabetisch oder numerisch kodiert. Schlüsselwörter heißen *Schlagwörter*, wenn es genaue („genormte") Begriffe sind bzw. *Stichwörter*, wenn es sich um sinngemäße Begriffe handelt.

(2) Hierarchische Klassifikation

Hierbei liegt eine rangmäßige Unterteilung vor, d. h. vom Allgemeinen ausgehend wird das Besondere (starr) untergeordnet.

Eine der bedeutendsten und am meisten verbreiteten hierarchischen Klassifikation ist die *Dezimalklassifikation*: Dabei wird das gesamte Wissen in Hauptgruppen (0 = Allgemeines, 1 = Philosophie, . . ., 9 = Geographie, Biographie, Geschichte) aufgegliedert und durch Anhängen von Dezimalen weiter unterteilt (s. S. 51 und S. 53 oben).

Die *Universelle Dezimalklassifikation* (auch 'Internationale Dezimalklassifikation' genannt; S. 51) gleicht der *Dewey-Dezimalklassifikation* (S. 53 oben) im Aufbau. Erstere wird z. B. in englischen, französischen und russischen wissenschaftlichen Bibliotheken verwendet, letztere in manchen amerikanischen und englischen öffentlichen Bibliotheken.

Die *Library of Congress Classification* und die *Bliss Bibliographische Klassifikation* sind hierarchische Klassifikationen, bei denen die Unterteilung alphanumerisch erfolgt (s. S. 53 Mitte und unten). Erstere wird in der amerikanischen Kongreßbibliothek (eine der größten Bibliotheken der Welt) sowie amerikanischen Universitätsbibliotheken benutzt, letztere in einigen englischen Universitätsbibliotheken.

(3) Facetten-Klassifikation

Die Begriffe sind hier nicht in vorbestimmten, rangmäßigen Klassen (wie bei der Dezimalklassifikation) verankert, sondern in voneinander unabhängigen, gleichwertigen „Kategorien" und „Facetten" (= Unterkategorien). *Beispiel* (Fundamental-Kategorien nach *S. R. Ranganathan*):

Personalität Materie Energie Raum Zeit.

Mittels der in den jeweiligen Facetten enthaltenen Grundbegriffe läßt ein zusammengesetzter Begriff logisch aufbauen (Synthese).

(4) Thesaurus-Klassifikation

Die Klassenbildung wird bedingt durch die Strukturierung der Gesamtheit (Thesaurus) der Schlagwörter (Deskriptoren). Diese Strukturierung umfaßt: Ober- und Unterbegriffe sowie verwandte Terme eines Deskriptors; die Oberbegriffe können zur Klasse oder zum Teil einer Klasse erklärt werden.

Welche Klassifikationsart für einen bestimmten Anwendungsbereich am besten ist, richtet sich nach verschiedenen Voraussetzungen (Art des zu ordnenden Materials, Ausbau- und Anpassungserfordernisse, Aufwand, u. a.) und kann daher nicht von vornherein entschieden werden; es existieren überdies noch zahlreiche Zwischenformen der genannten Klassifikationsarten.

Dewey Dezimalklassifikation

000	Allgemeines	500	Reine Wissenschaft
100	Philosophie	600	Angewandte Wissenschaft
200	Religion	700	Kunst
300	Soziologie	800	Literatur
400	Sprache	900	Geschichte. Geographie

Beispiel: 541.38 Radiochemie

Library of Congress Classification

A	Allgemeines	L	Ausbildung
B	Philosophie	M	Musik
C	Geschichte	N	Kunst
D	Topographie	P	Sprache. Literatur
E	Amerika	Q	Naturwissenschaften
F	Amerika	R	Medizin
G	Geographie	S	Agrarwissenschaft
H	Soziologie	T	Technik
J	Politische Wissenschaften	U	Militärwissenschaft
K	Recht	V	Marinewissenschaft
		W	Bibliographie

Beispiel:

QA	Mathematik
QC	Physik
QD	Chemie
QD453	Physikalische Chemie

Bliss Bibliographische Klassifikation

A	Philosophie	O	Afrika. Asien. Australien	1	Referenzwerke
B	Physik	P	Religion	2	Bibliographie
C	Chemie	Q	Soziologie	3	Geschichte
D	Astronomie	R	Politik	4	Biographie
E	Biologie	S	Recht	5	(Verschiedenes)
F	Botanik	T	Betriebslehre	6	Periodika
G	Zoologie	U	Technik. Kunstgewerbe	7	(Verschiedenes)
H	Medizin	V	Schöne Künste	8	Untersuchungsmethode
I	Psychologie	W	Sprachen	9	Biographie
J	Ausbildung	X	Indo-europäische Sprachen		
K	Soziologie	Y	Englisch		
L	Geschichte	Z	Bibliographie		
M	Europäische Geschichte				
N	Amerikanische Geschichte				

Beispiel:

UP	Maschinen
UPN	Autos
1UPN	Enzyklopädie über Autos

Indexarten

Index heißt hier 'Verzeichnis bibliographischer Angaben' (nicht: 'Schlagwort-Register'). Solche bibliographischen Angaben können sein: der Titel, der Autor mit Referenz u. a. Die nachfolgend beschriebenen Indexe werden durchweg 'maschinell', d. h. mittels elektronischer Datenverarbeitungsmethoden hergestellt.

- Titelverzeichnisse (current titles)

  Angabe des Titels, beginnend mit dem ersten signifikanten Begriff; alphabetische Einordnung (Beispiel: Titelverzeichnis dieses Buches, S. 120)

- Titelverzeichnisse nach dem Stichwortprinzip (KWIC-, KWOC-Index)

  KWIC (keyword-in-context): Angabe des Titels unter jedem Hauptwort, die in alphabetischer Reihenfolge meist in der Seitenmitte ausgedruckt werden, damit die „links" stehenden Wörter im Zusammenhang (in context) gelesen werden können (s. nebenstehendes Schema; die kurzen Pfeile geben die Breite der Textspalte an).

  KWOC (keyword-out-of-context): Angabe des Titels oder einer Titelgruppe nachfolgend auf ein Hauptwort oder einen Wortstamm, die am Rande ausgedruckt werden (s. nebenstehendes Schema).

- Zitierungsindexe (citation index)

  Zusammenführen von Veröffentlichungen, die jeweils eine bestimmte frühere Arbeit zitieren (s. nebenstehendes Schema: 'Becker 1965' wird von den nachfolgenden Autoren zitiert; die neueste Veröffentlichung auf dem (gemeinsamen) Arbeitsgebiet ist diejenige von 'Mueller 1971').

  Diese „Vorwärtsdokumentation", d. h. Angabe aller auf eine Publikation aufbauenden Arbeiten, ist nicht sehr verbreitet (Beispiele: *Science Citation Index, Social Science Citation Index*); sie bildet aber eine Abrundung und ein Komplement zur sonst üblichen „Rückwärtsdokumentation" (gewöhnliche Bibliographien).

  Nebenstehendes Schema zeigt das Prinzip, wie sich eine bestimmte Referenz (Nr. 4) anhand KWIC-Index, KWOC-Index bzw. Zitierungsindex ermitteln läßt.

Indexarten

Referenzen

Nr.	Autor	Quelle		Titel
1	A. Becker,	Z. Dok. 20, 17–25	(1965):	Titelverzeichnisse nach dem Stichwortprinzip
2	A. Becker,	Z. Dok. 23, 103–8	(1968):	Verwendung von Textwörtern zum Indexieren
3	K. Maier,	Z. Bibl. 5, 10–20	(1968):	Wie genau beschreibt der Titel eines Dokuments seinen Inhalt?
→ ④	F. Mueller,	Mod. Dok. 2, 25–7	(1971):	Erfahrungen mit maschinell hergestellten Indexen
5	G. Schmitt,	Mod. Dok. 1, 1–9	(1970):	Das Schlüsselwort

KWIC-Index

beschreibt der Titel eines	Dokuments seinen Inhalt? Wie ge	3
ellten Indexen.	Erfahrungen mit maschinell hergest	4
t maschinell hergestellten	Indexen. Erfahrungen mi	④
endung von Textwörtern zum	Indexieren. Verw	2
tel eines Dokuments seinen	Inhalt? Wie genau beschreibt de	3
Das	Schlüsselwort.	5
itelverzeichnisse nach dem	Stichwortprinzip. Ti	1
Verwendung von	Textwörtern zum Indexieren.	2
Wie genau beschreibt der	Titel eines Dokuments seinen Inhal	3
ortprinzip.	Titelverzeichnisse nach dem Stichw	1
exieren.	Verwendung von Textwörtern zum Ind	2
→	←	

KWOC-Index

Dokument

Wie genau beschreibt der Titel eines Dokuments seinen Inhalt?	3

Index

Erfahrungen mit maschinell hergestellten Indexen →	④
Verwendung von Textwörtern zum Indexieren	2

Schlüsselwort

Das Schlüsselwort	5

Stichwort

Titelverzeichnisse nach dem Stichwortprinzip	1

Titel

Titelverzeichnisse nach dem Stichwortprinzip	1
Wie genau beschreibt der Titel eines Dokuments seinen Inhalt?	3

Zitierungsindex

Becker, A. →	1965:	Z.Dok.	20, 17–25	1
Becker, A.	1968:	Z.Dok.	23, 103– 8	2
Schmitt, G.	1970:	Mod.Dok.	1, 1– 9	5
Mueller, F.	1971: →	Mod.Dok.	2, 25– 7	④

3.3. Literaturführer

Unter Literaturführern werden hier jene Dokumente verstanden, die einen Gesamtüberblick über Informationsmaterial, Informationsstellen und andere Informationsquellen vermitteln. Sie tragen oft entsprechende Titel:

Guide to . . .
How to Find Out . . . (Pergamon)
Information Sources . . .
Reference Sources . . .
Sources of Information . . .

Hinzugezogen wurden noch Nachschlagewerke wie "Bibliography of Bibliographies" (Besterman) und "Directory" (Adreßbuch), um die Informationsmöglichkeiten abzurunden.

Nach wie vor geht es hier nicht darum, ein *vollständiges* Verzeichnis von Literaturführern anzugeben, sondern ein oder zwei Werke neueren Datums aufzuführen, anhand derer der Interessierte „gezielt" weitersuchen kann.

Eine Informationssuche gestaltet sich verschieden je nach Fachgebiet, Zielsetzung und persönlichen Vorkenntnissen. Es erscheint jedoch sinnvoll, eine grobe Einteilung vorzunehmen, die den praktischen Belangen ziemlich nahe kommt (s. S. 46–49); das sind Informationssuchen mit dem Zweck einer

1. *Orientierung* über ein Wissensgebiet,
2. *Daten und Fakten* zu ermitteln oder
3. *Fachliteratur* zu ganz spezifischen Fragestellungen ausfindig zu machen.

Die Literaturführer sind entsprechend dieser Gruppierung aufgeführt.

1. Orientierung

Die hier angegebenen Literaturführer sollen dem Informationssuchenden dabei behilflich sein, sich über ein bestimmtes Wissensgebiet zu orientieren. Als Informationsquellen kommen solche Werke in Betracht, die den gewünschten Wissensstoff ohne „großen Ballast" darbieten, die also kurz und bündig sowie in einer dem Nicht-Fachmann vertrauten Sprache abgefaßt sind. Dazu zählen im allgemeinen:

Lexika und ähnliche Nachschlagewerke
Zeitungen und Zeitschriften
populärwissenschaftliche Literatur.

Dieses Schrifttum wird natürlich auch vom Spezialisten selbst benutzt.

1 *A. L. Todd* Morrow, New York, 1972; 108 S.
Finding Facts Fast –
how to find out what you want to know immediately; a handbook for high school, college, and graduate students, political activists, civic leaders and professionals . . . based on methods used by reference librarians, scholars, investigative reporters and detectives

Literaturführer zum Allgemeinwissen

2 *M. McCormick* Quadrangle, Chicago, Ill., 1971; 192 S.
Who-What-When-Where-How-Why Made easy –
a guide to the practical use of reference books

Literaturführer zu Nachschlagewerken

3 *G. Chandler* Pergamon, Oxford, 1974; 4. Aufl., 212 S.
How to Find Out –
a guide to sources of information for all
arranged by the Dewey Decimal Classification

Literaturführer, nach Fachgebieten. Anordnung gemäß Dewey-Dezimalklassifikation

4 *S. Galin, P. Spielberg* Vintage, New York, 1969; 333 S.
Reference Books –
how to select and use them

Auswahl und Benutzung von Referenzwerken

5 *K. O. Saur* [Hrsg] Vlg Dokumentation, München, 1972; 5. Auf., 543 S.
Fachwörterbücher und Lexika –
ein internationales Verzeichnis

Referiert 5 000 Wörterbücher und Enzyklopädien
[Handbuch der technischen Dokumentation und Bibliographie, 4]

6 *S. P. Walsh* Bowker, New York, 1969; 284 S.
Home Reference Books in Print

Nachschlagewerke zum privaten Gebrauch; referiert u. a. englisch-sprachige Wörterbücher, Atlanten, Buchabonnements

7 *B. S. Wynar* [Hrsg] Libraries Unltd, Littleton, Col., seit 1970
American Reference Books

Amerikanische Nachschlagewerke, nach Gebieten; jährlich

8 *O. Holl* Vlg Dokumentation, München, 1973; 2 Bde, 363 S.
Wissenschaftskunde

Erläuterung der Wissenschaften mit Literaturführer
[UTB 286, 287]

s. auch

„Literaturverzeichnis", in: Bertelsmann, Gütersloh, 1974; S. 369–464
Lexikothek – Bertelsmann Lexikon, Bd 10

30 000 Angaben, 800 Fachgebiete

Meyers Großes Bücherlexikon Bibliographisches Institut, Mannheim 1969; 2. Auf., 900 S.

90 000 Angaben, 20 000 Stichwörter

Presse, Publizistik, Film

Die Massenmedien (Presse, Rundfunk, Fernsehen, Film) sollen – wie der Term schon zum Ausdruck bringt – einem großen Publikumskreis zugänglich gemacht werden. Die dargebotenen Informationen müß(t)en dementsprechend so abgefaßt werden, daß sie „gut" verständlich sind.

Andererseits gilt dann, daß die Massenmedien eins der wichtigsten Informationsmittel sind, durch die eine *Orientierung* über ein bestimmtes Wissensgebiet möglich ist.

Populärwissenschaftliche Literatur

Populärwissenschaftliche Literatur wird auch als „allgemeinverständliche Literatur" bezeichnet. Sie ist für Nicht-Fachleute gedacht und wird (deswegen) oft als „überflüssig" oder „niveaulos" abgetan. Es ist aber nicht zu vergessen, daß jeder Fachmann eines bestimmten Gebietes ein *Nicht*-Fachmann eines anderen, entfernten Gebietes ist; so kommt also auch diesem Fachmann die „allgemeinverständliche" Abhandlung des fremden Gebietes zugute.

Die populärwissenschaftliche Literatur ist ein bedeutendes Informationsmittel zur Orientierung über einen Wissenstoff.

Presse, Publizistik, Film

1 *E. Blum* Univ. of Illinois Press, Chicago, Ill., 1972; 252 S.
Basic Books in the Mass Media –
an annotated selected booklist covering general communications, book publishing, broadcasting, film, magazines, newspapers, advertising, indexes, and scholarly and professional periodicals

Literaturführer zu Massenmedien (Presse, Rundfunk, Film; Bücher und Zeitschriften)

2 *E. Dovifat* [Hrsg] de Gruyter, Berlin, 1969 (1971); 333 und 583 + 655 S.
Handbuch der Publizistik

Bd 1, Allgemeine Publizistik (2. Aufl., 1971)
Bd 2, Praktische Publizistik (2 Tle)

3 *H.M. Geduld, R. Gottesman* Holt-Blond, London, 1972; 240 S.
Guidebook to Film –
eleven-in-one reference book

Informationsquellen: Publikationen, Dissertationen, Museen und Archive, Schulen, Handel, Wettbewerbe

Populärwissenschaftliche Literatur

4 *W. F. Courtney* [Hrsg] Bowker, New York, 1968–69; 2 Bde
The Reader's Adviser –
a layman's guide

Literaturführer zu populärwissenschaftlicher Literatur.
Bd 1, Bibliographie, schöngeistige Literatur
Bd 2, Bibliographie, Religion, Philosophie, Psychologie, Wissenschaften, Kunst, Reisen

5 Anonym Bowker, New York, 1971; 2. Aufl.
Magazines for Libraries

3 000 Zeitschriftentitel, geeignet für Öffentliche, Schul- und College-Büchereien; nach Fachgebieten geordnet unter Angabe des allgemeinen Inhalts

6 Reader's Guide to Periodical Literature Wilson, New York, seit 1900

23 Hefte/Jahr. Referiert Artikel aus 160 amerikanischen, populärwissenschaftlichen und unterhaltenden Zeitschriften

weitere Referenzen auf S. 61

Einige *Beispiele* „populärwissenschaftlicher" Zeitschriften, die Themen der Physik behandeln:

ausschließlich Physik	*Adventures in Experimental Physics*
	American Journal of Physics
	Physics Bulletin
	Physics Today
	Physikalische Blätter
	Physik in unserer Zeit
Physik und andere Gebiete	*American Scientist*
	Bild der Wissenschaft
	Naturwissenschaften
	New Scientist
	Recherche
	Scientific American
	Umschau in Wissenschaft und Technik

Das Niveau bzw. der Schwierigkeitsgrad dieser Zeitschriften ist unterschiedlich: einige sind nur für Fachleuten verwandter Gebiete, andere jedoch auch für Leser mit „guter Allgemeinbildung" verständlich.

Populärwissenschaftliche Literatur (Fortsetzung)

1 *A. J. Hoppé* Dent, London, 1971; rev. Aufl., 468 S.
The Reader's Guide to Everyman's Library
Literaturführer

2 Public Library Catalog – Wilson, New York, 1968– ; 164 S.
a classified and annotated list of 11 001 non-fiction books recommended for public and college libraries
Tl 1, Anordnung nach Dewey Dezimalklassifikation
Tl 2, Alphabetische Anordnung von Autoren und Titel
Tl 3, Adressen von Verlagen und Buchhandelsfirmen
jährliche Supplemente mit ca. 3 500 Titeln

3 *H. J. Deason* Am. Ass. for the Advancement of Science,
Science Book List Washington, D.C., 1972; 3. Aufl., 454 S.
wissenschaftliche Literatur für Nicht-Fachleute

4 *C. B. Muriel Lock* Bingley, London, 1971; 532 S.
Reference Material for Young People
Referenzwerke für Jugendliche

5 *A. Ellis* Pergamon, London, 1973; 3. Aufl., 266 S.
How to Find Out About Children's Literature
Literaturführer zu Kinderliteratur

6 *G. Gurney* Crown, New York, 1966; 128 S.
The Library of Congress –
a picture story of the world's largest library

7 *R. E. Kingery* Bowker, New York, 1963; 3. Aufl., 265 S.
How-to-do-it Books –
a selected guide
referiert 4 000 Bücher, Broschüren usw. über nebenberufliche und unterhaltende Tätigkeiten

8 *J. G. Fetros* *Library J.* **94**, 1595–7 (1969):
How-to-do-it Books –
building the collection
Literatur über Hobby und Selbsthilfe

s. auch 65.1, 5

2. Daten und Fakten

Daten und Fakten lassen sich als stark komprimierte Information betrachten. Die Frage nach dem Ursprung tritt dabei in den Hintergrund. Sie beinhalten nur das Wesentliche und werden (deswegen) auch als „harte Daten" bezeichnet, welche zunehmend in Datenbanken gespeichert werden, wo sie leicht „abrufbar" sind (z. B. medizinische Daten, Werkstoffdaten).

Daten und Fakten lassen sich beispielsweise den folgenden Dokumenten entnehmen:

Lexika, Enzyklopädien
Tabellenwerke, Tafelwerke
Handbücher
Jahrbücher

Eine besondere Stellung nehmen „Statistische Jahrbücher" ein. Sie werden für einen bestimmten Staat herausgegeben und enthalten neuere Daten über Bevölkerung, Kultur, Handel und Wirtschaft, Verkehr, usw. Beispiele:

Annuaire statistique de la Belgique
Annuaire statistique de la France
Annual Abstract of Statistics (GB)
Statistisches Handbuch für die Republik Österreich
Statistisches Jahrbuch der Deutschen Demokratischen Republik
Statistisches Jahrbuch der Schweiz
Statistisches Jahrbuch für die Bundesrepublik Deutschland

Literaturführer

1 *R. Cormier* Gauthier-Villars, Paris, 1969; 292 S.
Les sources des statistiques actuelles –
guide de documentation

Literaturführer zu statistischen Daten, insbes. demographische, sanitäre, wirtschaftliche, politische und juristische Daten. Klassifikationssysteme und Fragen der Ausbildung und Forschung

2 *G. A. Burrington* Pergamon, Oxford, 1972; 162 S.
How to Find Out About Statistics

Literaturführer

J. M. Harvey Bingley, London, 1971; 126 S.
Sources of Statistics

Literaturführer (insbes. GB und USA)

3 *J. A. Neal* [Hrsg] Bowker, New York, 1969; 674 S.
Reference Guide for Travellers

Literaturführer zu Reiseführern

Nachschlagewerke

4 CODATA [Hrsg] Springer, Berlin, 1969; 295 S.
International Compendium of Numerical Data Projects

S. 218–29: Handbücher und andere Quellen nützlicher tabellarischer Daten. Unterteilung in: breit angelegte Handbücher, Handbücher für Spezialgebiete

5 *H.M. Weisman, G.B. Sherwood,* NBS Techn. Note 554 (1970), 193 S.:
Annotated Accession List of Data Compilations of the Office of Standards Reference Data

Daten-Referenzwerke: Allgemeine Werke, nukleare, atomare und molekulare Eigenschaften, chemische Kinetik, Kolloid- und Oberflächen-Eigenschaften, mechanische, thermodynamische und Transport-Eigenschaften

6 Britannica – Book of the Year Encycl. Britannica, Chicago, Ill., seit 1938

Der Fischer Weltalmanach – Zahlen, Daten, Fakten Fischer, Frankfurt, seit 1960

Information Please Almanac Simon und Schuster, New York, seit 1947

McGraw-Hill Yearbook of Science and Technology McGraw-Hill, New York, seit 1963

Encyclopaedia Universalis – Universalia 1974 Encyclopaedia Universalis, Paris, seit 1974

Jahrbücher, Jahresereignisse und Sonderbeiträge

3. Fachliteratur

In diesem Abschnitt (S. 64–105) werden Informationsquellen nach Fachgebieten aufgeführt: auf den linken Seiten jeweils „laufende" Informationsquellen (Referateblätter, Indexzeitschriften, periodisch erscheinende Bibliographien) und Fachgebiete (teilweise aufgestellt nach Institutsnamen), auf den rechten Seiten die entsprechenden Literaturführer (eigentliche Literaturführer, Bibliographien der Bibliographien und Adreßbücher).

Es sei nochmals darauf hingewiesen, daß die aufgeführten Referateblätter, Indexe, Fachrichtungen und Literaturführer nur als *Beispiele* dienen sollen; d. h. der Nicht-Fachmann eines bestimmten Gebietes soll anhand der angegebenen Informationsquellen *eigenständig* und *gezielt* weitersuchen.

Die Fachgebiete beginnen mit den Exakten und Naturwissenschaften (Mathematik, Physik, Chemie), dann kommen die Angewandten Wissenschaften (Medizin, Ingenieurwissenschaften, u. a.) und schließlich die Geisteswissenschaften (Sprach-, Literatur-, Kunst-, Musik-, Theaterwissenschaften, Philosophie, u. a.).

Referateblätter (die Literatur mehrerer Wissensgebiete referieren)

Bulletin Signalétique
Referativnyi žurnal
Science Abstracts
U. S. Government Research and Development Abstracts

Bibliographien der Literaturführer

1 *A. G. Myatt* — *NLL Rev.* 2 (3), 85–8 (1972):
Information Officers in University Libraries
Verzeichnis von Literaturführern (herausgegeben von englischen Universitätsbibliotheken)

2 *A. L. Alsmeyer* — *Res. Quart. Fall* 1968, 22–6:
Guides to the Literature
Literaturführer

3 *C. W. Hanson, in:* Handbook of Special Librarianship (Aslib, London, 1967), 445–9:
List of Bibliographical Guides to Special Subjects
Literaturführer (nach Fachgebieten)

4 *G. Schutze* — Schutze, New York, 1958, 1963, 1967; 64, 38, 45 S.
Bibliography of Guides to the S-T-M Literature –
Scientific, Technical, Medical
Literaturführer (bis 1958; Ergänzungsbde 1958–62, 1962–66), nach Fachgebieten: Wissenschaften, Technik, Medizin

5 *E. J. Lasworth* — Scarecrow, Metuchen, N. J., 1972; 305 S.
Reference Source in Science and Technology
S. 112–17: Guides to the Literature

s. auch 29.1, 31.6

Allgemeines (Wissenschaft und Technik)

1 *D. Grogan* Bingley, London, 1973; 2. Aufl., 288 S.
Science and Technology –
an introduction to the literature
Literatur in Wissenschaft und Technik (mit einem Kapitel über geschichtliche Aspekte sowie Literatur für Laien)

2 *S. Herner* Inf. Resources Press, Washington, D.C., 1974;
A Brief Guide to Sources of Scientific and Technical Information 202 S.
Literaturführer für Wissenschaft und Technik (USA)

3 *R. J. P. Carey* Arnold, London, 1966; 153 S.
Finding and Using Technical Information
Einführung in die Fachliteratur der Technik

4 *F. B. Jenkins* Mass. Inst. Technol., Cambridge, Mass., 1970;
Science Reference Sources 5. Aufl., 213 S.
Referenzwerke für: Allgemeine Wissenschaften, Mathematik, Physik, Chemie, Astronomie, Geowissenschaften, Biowissenschaften, Medizin, Agrarwissenschaften, Ingenieurwissenschaften. Unterteilung jeweils in: Literaturführer, Bibliographien, Referateblätter, Übersichtsartikel, Geschichte, Wörterbücher und Enzyklöpädien, Handbücher, Adreßbücher, laufende Informationsquellen (Zeitschriften). Angabe der jeweiligen Buchbesprechungen

5 *F. Russo* Sueil, Paris, 1972; 224 S.
Pour une bibliothèque scientifique
Französisch-sprachige Werke über Kultur, Mathematik, Informatik, Physik, Chemie, Biologie, Geologie, Astronomie. Angabe des Niveaus (z. B. Einführungen)

s. auch 64.5

Bibliographien

6 *T. Besterman* Rowman & Littlefield, Totowa, N.J., 1971;
Physical Sciences – 2 Bde, 677 S.
a bibliography of bibliographies
Bibliographien der Naturwissenschaften

7 *T. Besterman* Rowman & Littlefield, Totowa, N. J., 1971;
Technology incl. Patents – 2 Bde, 681 S.
a bibliography of bibliographies
Bibliographien über Technik, Technologie und Patente

Mathematik

Referateblätter

Bulletin Signalétique – Mathématiques
Mathematical Reviews
Referativnyi Žurnal – Matematika
Statistical Theory and Method Abstracts
Zentralblatt für Mathematik und ihre Grenzgebiete

Institute / Fachrichtungen

Hauptgebiete	Untergebiete	Nebengebiete
Angewandte Mathematik	Algebra	Didaktik der Mathematik
Mathematik	Analysis	Mathematik für Wirtschaftswissenschaftler
Praktische Mathematik	Arithmetik	Mathematische Methoden in der Ökonomie
Reine Mathematik	Geometrie	Mathematische Physik
	Mathematische Logik	Schulmathematik
	Numerische Mathematik	Versicherungsmathematik
	Statistik	u.a.
	Zahlenlehre	

s. auch 45.1–3, 107.3–5

Mathematik

1 *E. M. Dick* Libraries Unltd, Littleton, Col., 1973; 291 S.
Current Information Sources in Mathematics –
an annotated guide to books and periodicals, 1960–1972
Literaturführer

2 *J. E. Pemberton* Pergamon, Oxford, 1969; 2. Aufl, 204 S.
How to Find Out in Mathematics –
a guide to sources of information
Literaturführer, Anordnung gemäß Dewey-Dezimalklassifikation

3 *N. G. Parke* III Dover, New York, 1950; 2. Aufl., 436 S.
Guide to the Literature of Mathematics and Physics
(including related works on engineering science)
Literaturführer. 5 000 Referenzen, unterteilt in 120 Fachgebiete

4 *D. J. Struik* Harvard Univ. Press, Cambridge, Mass., 1969; 441 S.
A Source Book in Mathematics, 1200–1800
Literaturführer zur Geschichte der Mathematik

5 *K. Schütte* Oldenbourg, München, 1966; 2. Aufl., 239 S.
Index mathematischer Tafelwerke aus allen Gebieten der Naturwissenschaften
Bibliographie; 2 800 Tabellenwerke

6 *H. O. Lancaster* Oliver & Boyd, Edinburgh, 1968; 112 S.
Bibliography of Statistical Bibliographies

7 *W. L. Schaaf* Nat. Council of Teachers of Mathematics, Washington, 1970; 4. Aufl., 2 Bde
Recreational Mathematics –
a guide to the literature
Literaturführer zu unterhaltender mathematischer Literatur

8 Anonym Benjamin, New York, 1970
International Mathematics Directory
Adreßbuch

Physik

Referateblätter / Indexe

alle Gebiete	*Current Contents – Physical Sciences*
	Physics Abstracts (Science Abstracts)
	Physikalische Berichte
	Referativnyi žurnal – Fizika
Teilgebiete	*Applied Science and Technology Index*
	Astronomy and Astrophysics Abstracts
	Astrophysical Abstracts
	Atomindex
	Bulletin Signalétique (in mehreren Sektionen)
	High Energy Physics Index
	Informationen zur Kernforschung und Kerntechnik
	Meteorological and Geoastrophysical Abstracts
	Nuclear Science Abstracts
	Plasma Physics Index
	Solid State Abstracts

Institute / Fachrichtungen

Hauptgebiete	Untergebiete	Nebengebiete
Angewandte Physik	Akustik	Didaktik der Physik
Experimentalphysik	Astronomie	Geschichte der Physik
Mathematische Physik	Astrophysik	Medizinische Physik
Physik	Biophysik	
Technische Physik	Elektronenmikroskopie	
Theoretische Physik	Festkörperphysik	
	Festigkeitslehre	
	Geophysik	
	Hochenergiephysik	
	Kernphysik	
	Lichttechnik	
	Mechanik	
	Metallphysik	
	Meteorologie	
	Optik	
	Plasmaphysik	
	Statik und Dynamik	
	Strahlenphysik	
	Thermodynamik	

s. auch 45.1–3, 107.3–5

Physik

1 *V. Wehefritz* Bibliograph. Institut, Mannheim, 1969; 171 S.
Physikalische Fachliteratur – eine Einführung
Literaturführer, nach Fachgebieten und Art der Literatur [B.I.-Hochschultaschenbücher, Bd 440/440a]

2 *J. K. Whitford* Scarecrow, Metuchen, N.J., 1968; 2.Aufl., 272 S.
Physics Literature – a reference manual
Literaturführer

3 *B. Yates* Pergamon, Oxford, 1965; 184 S.
How to Find Out About Physics
Literaturführer. Anordnung gemäß Dewey-Dezimalklassifikation

4 *N. G. Parke* III Dover, New York, 1958; 2. Aufl., 436 S.
Guide to the Literature of Mathematics and Physics (including related works on engineering science)
Literaturführer. 5 000 Referenzen, unterteilt in 120 Fachgebiete

5 *D. A. Kemp* MacDonald, London, 1970; 607 S.
Astronomy and Astrophysics – a bibliographical guide
Literaturführer

6 *Koehler* und *Volckmar*-Fachbibliographien
Koehler & Volckmar, Köln, 1968; 428 S.
Physik, einschließlich technischer Physik (1945–1967)
Barsortimentskatalog deutschsprachiger Literatur, nach Fachgebicten geordnet

7 *T. Besterman* Rowman & Littlefield, Totowa, N.J., 1971; 2 Bde, 677 S.
Physical Sciences – a bibliography of bibliographies
Bibliographien (auch früherer Zeiten). Unterteilung in: Wissenschaft, Astronomie, Atome und Atomenergie, Chemie, Elektrizität, Magnetismus, Mathematik, Meteorologie, Physik, Statistik

8 Anonym Benjamin, New York, 1969; 802 S.
International Physics and Astronomy Directory, 1969–70
Adreßbuch. Auch Angaben über Tagungen, Stipendien, Fachliteratur

Chemie

Referateblätter / Indexe

Analytical Abstracts
Bulletin Signalétique – Chimie
Chemical Abstracts
Chemical Titles
Chemisches Zentralblatt
Current Contents – Chemical Sciences
Index Chemicus
Referativnyi Žurnal – Khimiya

Institute / Fachrichtungen

Hauptgebiete	Untergebiete	Nebengebiete
Analytische Chemie	Biochemie	Chemisches Apparatewesen
Anorganische Chemie	Elektrochemie	Chemische Technik
Chemie	Erdölchemie	Didaktik der Chemie
Experimentalchemie	Farbenchemie	
Organische Chemie	Geochemie	
Physikalische Chemie	Kernchemie	
Theoretische Chemie	Kolloidchemie	
	Landwirtschaftliche Chemie	
	Lebensmittelchemie	
	Medizinische Chemie	
	Neurochemie	
	Pharmazeutische Chemie	
	Physiologische Chemie	
	Radiochemie	
	Spektrochemie	
	Textilchemie	

s. auch 45.1–3, 107.3–5

Chemie

1 *R. T. Bottle* [Hrsg] Butterworth, London, 1969; 2. Aufl., 306 S.
The Use of Chemical Literature
Literaturführer

2 *A. Nowak* Deutscher Vlg der Wissenschaften, Berlin, 1967; 2. Aufl., 192 S.
Fachliteratur des Chemikers –
Einführung in ihre Systematik und Benutzung mit einer Übersicht über wichtige Werke
Literaturführer

3 *C. R. Burman* Pergamon, Oxford, 1966; 230 S.
How to Find Out in Chemistry
Literaturführer. Anordnung gemäß Dewey-Dezimalklassifikation

4 *M. G. Mellon* McGraw-Hill, New York, 1965; 4. Aufl., 324 S.
Chemical Publications –
their nature and use
Literaturführer

5 Anonym NAS-NS 42 (1972), 117 S.
Source Material for Radiochemistry
Literaturführer (Radiochemie, Kernchemie, Kernphysik)

6 *I. L. Knunyants* [Hrsg] Joint Publ. Res. Serv., Washington, D.C., JPRS-53523 (1971)
Information Retrieval in the Field of Chemistry
Informationswiederauffinden (Methodik und Literaturangaben)

7 *E. E. Reid* Johns Hopkins, Baltimore, Mass., 1970; 138 S.
Chemistry through the Language Barrier –
how to scan chemical articles in foreign languages with emphasis on Russian and Japanese
Wie fremdsprachige Artikel überflogen werden

8 *N. Kharash* [Hrsg] Gordon & Breach, New York, seit 1971
Bibliographies of Chemists
periodisch erscheinende Bibliographien

9 Anonym Benjamin, New York, 1969; 1 111 S.
International Chemistry Directory, 1969–1970
Adreßbuch. Auch Angaben über Tagungen, Stipendien, Fachliteratur

s. auch 81.1–3

Medizin, Pharmazie

Referateblätter / Indexe

alle Gebiete	*Abstracts of World Medicine* *Current Contents – Life Sciences* *Excerpta medica* *Index Medicus* *Medizinischer Literaturanzeiger* *Was gibt es Neues in der Medizin?*
Teilgebiete	*Berichte Physiologie, physikalische Chemie und Pharmakologie* *Bibliography of the History of Medicine* *Bulletin Signalétique* (mehrere Sektionen) *Current Work in the History of Medicine* *Index Veterinarius* *International Pharmaceutical Abstracts* *Referativnyi žurnal* *Veterinärmedizin* *Veterinary Bulletin* *Zentralblatt für die gesamte Chirurgie und ihre Grenzgebiete* *Zentralblatt für die gesamte innere Medizin und ihre Grenzgebiete* *Zentralblatt für die gesamte Kinderheilkunde* *Zentralblatt für die gesamte Neurologie und Psychiatrie* *Zentralblatt für die gesamte Ophtalmologie und ihre Grenzgebiete* *Zentralblatt für die gesamte Radiologie* *Zentralblatt für die gesamte Rechtsmedizin und ihre Grenzgebiete* *Zentralblatt für die gesamte Zahn-, Mund- und Kieferheilkunde* *Zentralblatt für Hals-, Nasen- und Ohrenheilkunde sowie deren Grenzgebiete* *Zentralblatt für Haupt- und Geschlechtskrankheiten sowie deren Grenzgebiete*

Institute / Kliniken / Fachrichtungen

Hauptgebiete	Untergebiete		Nebengebiete
Experimentelle Medizin Innere Medizin Medizin Pharmakologie Veterinärmedizin	Anaesthesiologie Anatomie Bakteriologie Chirurgie Dermatologie Epidemilogie Diätik Gerichtsmedizin Gesundheitswesen Gynäkologie Hämatologie Hals-, Nasen- und Ohrenkrankheiten Haut- und Geschlechtskrankheiten Hygiene Kinderheilkunde Neurologie Ophtalmologie Orthopädie	Parasithologie Pathologie Physiologie Psychiatrie Röntgenologie Serologie Sprachheilkunde Sportmedizin Toxologie Tropenmedizin Urologie Virologie Zahnheilkunde	Geschichte der Medizin Medizinische Dokumentation Medizinische Statistik

s. auch 45.1–3, 107.3–5

Medizin, Pharmazie

1 *L. T. Morton* Butterworth, London, 1974; 416 S.
Use of Medical Literature
Literaturführer

2 *J. Archimbaud* Sandoz, Rueil-Malmaison, 1970/1972; 494/197 S.
Bibliographie et recherche documentaire en medicine et pharmacie
Bd 1, Les instruments de la recherche
Bd 2, L'organisation du travail documentaire
Literaturführer zur Medizin und Pharmazie (Suchmethodik sowie Beispiele und Übungen)

3 *A. L. Brunn* Pergamon, Oxford, 1969; 139 S.
How to Find Out in Pharmacy –
a guide to sources of pharmaceutical information
Literaturführer. Unterteilung nach Dewey-Dezimalklassifikation

4 *C. K. Elliot* Bingley, London, 1971; 134 S.
A Guide to the Documentation of Psychology
Literaturführer

5 *J. E. Bell* Brown, Dubuque, Iowa, 1971; 211 S.
A Guide to Library Research in Psychology
Literaturführer

6 *B. Ennis* Partridge, Los Angeles, Calif., 1971; 127 S.
Guide to the Literature in Psychiatry
Literaturführer

7 *J. B. Blake, C. Roos* [Hrsg] Medical Library Ass., Chicago, Ill., 1967; 342 S.
(Ergänzungsband I, 1970; 46 S.)
Medical Reference Works, 1679-1966 –
a selected bibliography
Bibliographie medizinischer Nachschlagewerke

8 *H. Fischer-Harriehausen, K.A.W. Gerber* Fischer, Stuttgart, 1971; 100 S.
Bibliographie der deutschen medizinischen Zeitschriften

9 Anonym Bowker, New York, 1972; 375 S.
Bowker's Medical Books in Print
30 000 amerikanische Buchtitel, alphabetisch nach Autor, Titel und Sachgebiet

Literaturführer zu Einzelgebieten der Medizin: s. 29.1

Biologie, Botanik, Zoologie

Referateblätter / Indexe

alle Gebiete	*Berichte Biochemie und Biologie* *Biological and Agricultural Abstracts* *Bioresearch Index* *Biological Abstracts* *Current Contents – Life Sciences* *International Abstracts of Biological Sciences* *Referativnyi žurnal – Biologiya* *Zoological Record*
Teilgebiete	*Anthropologischer Anzeiger* *Bulletin Signalétique* (mehrere Sektionen) *Dokumentation für Umweltschutz und Landespflege* *Environmental Health* *Environmental Information Access* *Excerpta botanica* *Forestry Abstracts* *Horticultural Abstracts* *Microbiology Abstracts* *Plant Breeding Abstracts* *Pollution Abstracts*

Institute / Fachrichtungen

Hauptgebiete	Untergebiete		Nebengebiete
Biologie	Anthropologie	Mikrobiologie	Didaktik der Biologie
Botanik	Biochemie	Paläontologie	
Ökologie	Elektrobiologie	Strahlenbiologie	
Zoologie	Genetik	Zytologie	
	Histobiologie		

Geologie

Referateblätter / Indexe

Bibliographie des sciences de la terre
Bibliography and Index of Geology
Mineralogical Abstracts
Zentralblatt für Mineralogie
Zentralblatt für Geologie und Paläontologie

Institute / Fachrichtungen

Geologie
Hydrologie
Mineralogie
Petrographie

Agrarwissenschaften

Bulletin Signalétique (mehrere Sektionen)
Food and Agriculture Documentation
Food Science and Technology Abstracts
Landwirtschaftliches Zentralblatt

Agrarökonomie	Gartenbau
Agrarpolitik	Jagdkunde
Agrarsoziologie	Milchwirtschaft
Agrarwissenschaften	Nahrungsmittelkunde
Fischerei	Obstbau
Forstwirtschaft	Pflanzenbau
	Weinbau

s. auch 45.1–3, 107.3–5

Biologie, Botanik, Zoologie

1 *R.T. Bottle, H.V. Wyatt* [Hrsg] Butterworth, London, 1971; 2. Aufl., 392 S.
The Use of Biological Literature
Literaturführer

2 *A.E. Kerker, H.T. Murphy* Purdue Univ., Lafayette, Ind., 1968; 226 S.
Biological and Biomedical Resource Literature
Literaturführer

3 *T. Bestermann* Rowman & Littlefield, Totowa, N.J., 1972; 471 S.
Biological Sciences –
a bibliography of bibliographies
Bibliographien

4 *L. H. Swift* Burgess, Minneapolis, Minn., 1970; 804 S.
Botanical Bibliographies –
a guide to bibliographic materials applicable to botany
Literaturführer

5 *R. C. Smith, R. H. Painter* Burgess, Minneapolis, Minn., 1967; 7. Aufl., 238 S.
Guide to the Literature of the Zoological Sciences

R. C. Smith, W. Walcolm Reid Burgess, Minneapolis, Minn., 1972; 8. Aufl., 166 S.
Guide to the Literature of the Life Sciences
Literaturführer

Geologie

6 *D. N. Wood* Butterworth, London, 1973; 460 S.
Use of Earth Sciences Literature

J. W. Mackay Geological Soc., London, 1973; 65 S.
Sources of Information for the Literature of Geology –
an introductory guide
Literaturführer

7 *S. R. Kaplan* Interscience, New York, 1965; 599 S.
A Guide to Information Sources in Mining, Minerals, and Geosciences
Literaturführer
[Guide to Information Sources in Science and Technology, 2]

Agrarwissenschaften

8 *G. H. Haines* Baker, London, 1971; 63 S.
How to Find Out in Agriculture
Literaturführer

9 *R. D. Hauck, M. Bystrom* Ames, Iowa, 1970; 206 S.
A Selected Bibliography for Agricultural Scientists
Literaturführer

Elektronische Datenverarbeitung

Referateblätter

Computer Abstracts
Computer and Control Abstracts
Computer Literature Bibliography
Cybernetics Abstracts
Data Processing Digest

Institute / Fachrichtungen

Elektronische Datenverarbeitung
Informatik

Ingenieurwissenschaften

Referateblätter / Indexe

Applied Mechanics Review
Applied Science and Technology Index
Engineering Index
Technisches Zentralblatt
VDI-Zeitschriftenschau

Institute / Fachrichtungen

Antriebstechnik
Förderungstechnik
Kraftfahrzeuge
Luftfahrzeuge
Maschinenbau
Schienenfahrzeuge
Schiffsbau
Verbrennungsmotoren
Verkehrstechnik
Verkehrsgeographie
Verkehrssicherheit
Wasserbau
Wasserfahrzeuge
Werkzeugmaschinen

Ingenieurpädagogik

s. auch 45.1–3, 107.4, 5

Elektronische Datenverarbeitung

1 *A. Pritchard* Bingley, London, 1972; 2. Aufl., 192 S.
A Guide to Computer Literature –
an introductory survey of the sources of information
Literaturführer

2 *C. Morrill* Gale, Detroit, Mich., 1969; 275 S.
Computers and Data Processing Information Sources –
an annotated guide to the literature, associations, and institutions concerned with input, throughput, and output of data
Literaturführer
[Management Information Guide, 15]

3 *W. W. Youdem* Arno, New York, 1970; 381 S.
Computer Literature Bibliography, 1946–67

Ingenieurwissenschaften

4 *S. A. J. Parsons* Pergamon, Oxford, 1972; 284 S.
How to Find Out About Engineering
Literaturführer. Anordnung nach Dewey-Dezimalklassifikation

5 Anonym Global Engineering, Newport Beach, Cal., 1972; 388 S.
Directory of Engineering Documentation Sources
Literaturführer und Adreßbuch

6 *J. F. Smith, W. G. Brombacher* National Bureau of Standards, Washington, D. C., 1965; 220 S.
Guide to Instrumentation Literature
Literaturführer zu Instrumenten
[NBS Publ. 567]

7 *B. Houghton* Bingley, London, 1970; 311 S.
Mechanical Engineering –
the sources of information
Literaturführer

Einzelgebiete der Ingenieurwissenschaften: S. 79, 81, 83, 85

Elektronik, Elektrotechnik

Referateblätter

Electrical and Electronics Abstracts
Electronics Abstracts
Electronics and Communications Abstracts
Technisches Zentralblatt

Institute / Fachrichtungen

Datenverarbeitung
Elektrische Isolierstoffe
Elektrische Maschinen
Elektrische Meßtechnik
Elektrische Regelungstechnik
Elektronik
Fernmeldetechnik
Halbleitertechnik
Hochfrequenztechnik
Hochspannungstechnik
Höchstfrequenztechnik
Mikrowellentechnik
Schwachstromtechnik
Starkstromtechnik
Theoretische Elektrotechnik

Weltraumforschung

Referateblätter

International Aerospace Abstracts
Scientific and Technical Aerospace Reports

Institute / Fachrichtungen

Raumfahrt
Raumforschung

s. auch 45.1–3, 107.4, 5

Elektronik, Elektrotechnik

1 *J. Burkett, P. W. Plumb* Pergamon, Oxford, 1967; 244 S.
How to Find Out in Electrical Engineering –
a guide to sources of information arranged according to the Universal Decimal Classification
Literaturführer

2 *E.M. Codlin, R. S. Lawrence* Aslib, London, 1973; 100 S.
Handlist of Basic Reference Material for Librarians and Information Officers in Electrical and Electronic Engineering
Literaturverzeichnis

3 *C. K. Moore, K. J. Spencer* Macdonald, London, 1961/1965; 428/385 S.
L. Corbett Macdonald, London, 1973, 799 S.
Electronics –
a bibliographical guide
Bd 1, 1945–58 / Bd 2, 1959–64 / Bd 3, 1965–72
Referenzen zu den Gebieten: Radioastronomie, Ultraschall, Lumineszenz, Dielektrika, elektrische Leitfähigkeit, Infrarot

4 *D. L. Grigsby, D. H. Johnson, M. Neuberger* [Hrsg]
Plenum, New York, 1967; 2 Bde, 1065 + 734 S.
Electronic Properties –
a guide to the literature
Literaturführer

5 *D. H. Barlow* *Nat. Electr. Rev.* 7 (6), 136–40 (Nov./Dec. 1971)
Information Services for the World's Electronic Engineer
Informationsdienste

6 *G. R. Randle* Gale, Detroit, Mich., 1968; 227 S.
Electronics Industries Information Sources
Informationsdienste und Informationsquellen der Industrie
[Management Information Guide, 13]

Weltraumforschung

7 *B. M. Fry, F. E. Mohrhardt* [Hrsg] Interscience, New York, 1963; 579 S.
A Guide to Information Sources in Space Science and Technology
Literaturführer

Verfahrenstechnik

Referateblätter

Chimie et Industrie
DECHEMA-Literatur-Schnelldienst
Theoretical Engineering Abstracts
Verfahrenstechnische Berichte

Institute / Fachrichtungen

Chemische Technik
Drucktechnik
Reproduktionstechnik
Verfahrenstechnik

Kerntechnik, Kernforschung

Referateblätter / Indexe

Atomindex
Informationen zur Kernforschung und Kerntechnik
Nuclear Science Abstracts

Institute / Fachrichtungen

Kernchemie
Kernphysik
Kerntechnik
Radiochemie
Reaktortechnik
Strahlenchemie
Strahlenphysik

s. auch 45.1–3, 107.4,5

Verfahrenstechnik

1 *R. Brown, G. A. Campbell* Pergamon, Oxford, 1969; 240 S.
How to Find Out About the Chemical Industry

T. P. Peck Minnesota Univ., Minnesota, Minn., 1973; 194 S.
Chemical Engineers' Guide to Information Sources

Literaturführer zur chemischen Industrie

2 *K. Bourton* Macdonald, London, 1967/1968; 576/534 S.
Chemical and Process Engineering –
a bibliographical guide

Bd 1, Unit Operations / Bd 2, Unit Processes
Literaturführer

3 *E. M. Codlin* Macdonald, London, 1968/1971; 319/263 S.
Cryogenics and Refrigeration –
a bibliographical guide

Literaturführer zur Kältetechnik. Referenzen unterteilt in: Physik, Tieftemperatur-Physik, Kühlanlagen, Materialien, Meßverfahren, biologische Objekte, Nahrungsmittel

Kerntechnik, Kernforschung

4 *L. J. Anthony* Pergamon, London, 1966; 245 S.
Sources of Information on Atomic Energy

Literaturführer

5 Anonym ZAED-Bibl. 36–01 (1971); 148 S.
Bücher, Zeitschriften, Berichte-Reihen (1964–1971)

Bibliographie deutsch-sprachiger Bücher und Zeitschriften zur Kernforschung und Kerntechnik. Unterteilung in: Monographien und Buchserien (nach Fachgebieten), Zeitschriften, Institutionen (Adresse, Forschungsgebiete)

6 List of Bibliographies on Nuclear Energy International Atomic Energy Agency, Wien, seit 1960

mehrmals jährlich. Ankündigung von erschienenen und in Vorbereitung befindlichen Bibliographien zur Kernforschung und -technik

7 Anonym Hodgson, Guernsey, 1973; 5. Aufl., 1 200 S.
World Nuclear Directory

Adreßbuch zur Kerntechnik; Angabe von Forschungsinstituten und -anlagen. Zeitschriften- und Abkürzungs-Verzeichnis

Werkstoffe

Referateblätter

Ceramic Abstracts
Literaturschnelldienst Kunststoffe und Kautschuk
Metals Abstracts
Montanwissenschaftliche Literaturberichte
Stahl und Eisen
Steel Castings Abstracts

Institute / Fachrichtungen

Gießereiwesen
Glas
Kautschuk
Keramik
Kunststoffe
Magnetische Werkstoffe
Metallurgie
Pulvermetallurgische Werkstoffe
Werkstoffkunde

Textilien

Referateblätter

Textil-Praxis
Textil Technology Digest

Institute / Fachrichtungen

Textiltechnik

s. auch 45.1–3, 107.4, 5

Werkstoffe

1 *D. White* Pergamon, Oxford, 1970; 172 S.
How to Find Out in Iron and Steel
Literaturführer

2 *E.B. Gibson, E.W. Tapia* [Hrsg] Aslib, London, 1965; 2. Aufl., 240 S.
Guide to Metallurgical Information

M. Hyslop Information Resources Press, Washington, D.C., 1973; 191 S.
A Brief Guide to Sources of Metals Information
Literaturführer

3 *E. R. Yescombe* Pergamon, Oxford, 1968; 240 S.
Sources of Information on the Rubber, Plastics, and Allied Industries
Literaturführer

Textilien

4 ASLIB & the Textile Institute Aslib Textile Group, London, 1970; 130 S.
A Guide to Sources of Information in the Textile Industry
Literaturführer

5 *H. Lemon* Pergamon, Oxford, 1968; 220 S.
How to Find Out About the Wool Textile Industry
Literaturführer

6 *B. Yates* Pergamon, Oxford, 1967; 108 S.
How to Find Out About the U. K. Cotton Industry
Literaturführer (insbes. englische Textil-Industrie)

7 *J. V. Kopycinski* Gale, Detroit, Mich., 1964; 194 S.
Textile Industry Information Sources –
an annotated guide to the literature of textile fibers, dyes and dyeing, design and decoration, weaving, machinery and other subjects
Literaturführer
[Management Information Guide, **4**]

Bauwesen, Architektur

Referateblätter

Buildings Science Abstracts
Dokumentation Bodenmechanik und Grundbau
Dokumentation Straße
Schrifttumkartei Bauwesen
Schrifttumkartei Beton

Institute / Fachrichtungen

Hauptgebiete	Untergebiete	Nebengebiete
Architektur	Baukonstruktion	Baugeschichte
Bauwesen	Baumaschinen	Geschichte der Architektur
	Bauplanung	
	Baustoffe	
	Betonbau	
	Bodenmechanik	
	Hochbau	
	Hochschulbau	
	Industriebau	
	Kirchbau	
	Krankenhausbau	
	Leichtbau	
	Raumplanung	
	Städtebau	
	Straßenbau	
	Technische Mechanik	
	Tiefbau	
	Tunnelbau	
	Wohnungsbau	

s. auch 45.1–3, 107.4, 5

Bauwesen, Architektur

1 *G. Rowland* Bingley, London, 1973; 280 S.
Civil Engineering and Construction – the sources of information
Literaturführer

2 *B. White* Bingley, London, 1971; 632 S.
Sourcebook of Planning Information – a discussion of sources of information for use in urban and regional planning, and in allied fields
Literaturführer

3 *D. L. Smith* Pergamon, London, 1967; 238 S.
How to Find Out in Architecture and Building
Literaturführer

4 *H. B. Bentley* Gale, Detroit, Mich., 1964; 181 S.
Building Construction Information Sources
Literaturführer
[Management Information Guide, 2]

5 Anonym United Nations, New York, 1972; 97 S.
Information Sources on the Cement and Concrete Industry
Literaturführer
[Guide to Information Sources, 2]

6 *B. J. Smolny* [Hrsg] Construction Industry Research and Information Ass., London, 1974; 2. Aufl., 85 S.
CIRIA Guide to Sources of Information in the Construction Industry
Literaturführer

7 *M. Phillips* Design Data Center, Landsdale, Pa., 1971; 89 S.
Guide to Architectural Information
Literaturführer

Architektur: siehe auch Kunstwissenschaften, S. 100

Management, Betriebswirtschaft

Referateblätter / Indexe

Business Periodicals Index
Economic Abstracts
International Abstracts in Operations Research
Management Abstracts, Digest and Reviews
Management Index

Institute /Fachrichtungen

Betriebsplanung
Betriebswirtschaft
Marktforschung
Unternehmungsforschung
Volkswirtschaft
Wissenschaftliche Verwaltung

s. auch S. 88–91
s. auch 45.1–3, 107.4, 5

Management, Betriebswirtschaft

1 *K. G. B. Bakewell* Pergamon, Oxford, 1970; 2. Aufl., 400 S.
How to Find Out: Management and Productivity –
a guide to sources of information arranged according to the Universal Decimal Classification
Literaturführer, Einteilung nach Universeller Dezimalklassifikation

2 Anonym Gale, Detroit, Mich., 1966; 3 Bde, 2 468 S.
Executive's Guide to Information Sources
Literaturführer

3 *R. M. Carter* Gale, Detroit, Mich., 1971; 286 S.
Communication in Organizations –
an annotated bibliography and sourcebook
Bibliographie über Kommunikationsstrukturen in Unternehmen
[Management Information Guide, 25]

4 *P. Wassermann* [Hrsg] Gale, Detroit, Mich., 1970; 2. Aufl., 2 Bde, 738 S.
Encyclopedia of Business Information Sources –
a detailed listing of primary subjects of interest to managerial personal, with a record of sourcebooks, periodicals, organizations, directories, handbooks, bibliographies and other sources of information on each topic
Literaturführer

5 *L. J. Wheeler* Gale, Detroit, Mich., 1968; 221 S.
International Business and Foreign Trade Information Sources
Literaturführer
[Management Information Guide, 14]

6 *N. Burgess* Pergamon, Oxford, 1967; 228 S.
How to Find Out About Secretarial and Office Practice
Literaturführer

7 *G. M. Smith* Simon & Schuster, New York, 1971; 609 S.
World Wide Business Publications Directory
Literaturführer. Adreßbuch

8 *A. Norton* Gale, Detroit, Mich., 1972; 153 S.
Public Relations Information Sources
Literaturführer zur Öffentlichkeitsarbeit
[Management Information Guide, 22]

Wirtschaftswissenschaften

Referateblätter

Bibliographie der Wirtschaftspresse
Documentation économique
Economic Abstracts
Index of Economic Journals
International Bibliography of Economics
Journal of Economic Abstracts

Institute / Fachrichtungen

Hauptgebiete	Untergebiete	Nebengebiete
Betriebswirtschaft	Bankwesen	Werbung
Volkswirtschaft	Börsenwesen	Wirtschaftspädagogik
Wirtschaftswissenschaften	Entwicklungshilfe	Wirtschaftspsychology
	Finanzwirtschaft	
	Handel	
	Handwerk	
	Industrie	
	Marktforschung	
	Steuerwesen	
	Versicherungswesen	
	Wirtschaftspolitik	
	Wirtschaftsstatistik	
	Wirtschaftstheorie	

s. auch S. 86
s. auch 45.1–3, 107.4, 5

Wirtschaftswissenschaften

1 *S. A. J. Parsons* Pergamon, Oxford, 1972; 272 S.
How to Find Out About Economics
Literaturführer. Einteilung nach Dewey-Dezimalklassifikation

2 *J. Fletcher* [Hrsg] Butterworth, London, 1971; 320 S.
The Use of Economics Literature
Literaturführer

3 *P. Melnyk* Libraries Unltd, Littleton, Col., 1971; 263 S.
Economics –
bibliographic guide to reference books and information sources
Literaturführer

4 *A. Maltby* Bingley, London, 1968; 239 S.
Economics and Commerce –
the sources of information and their organization
Literaturführer

5 *C. Hull* Thompson Newspapers, London, 1972; 18 S.
Principal Sources of Marketing Information

6 *N. Burgess* Pergamon, Oxford, 1970; 262 S.
How to Find Out About Exporting
Literaturführer (Export)

7 *N. Burgess* Pergamon, Oxford, 1969; 320 S.
How to Find Out About Banking and Investment
Literaturführer und Informationsquellen zum Bankwesen. Einteilung gemäß Dewey-Dezimalklassifikation

8 *O. W. Pendleton* Pergamon, Oxford, 1967; 206 S.
How to Find Out in Insurance
Literaturführer und Informationsquellen zum Versicherungswesen

9 *R. Demarest* Gale, Detroit, Mich., 1971; 420 S.
Accounting Information Sources –
an annotated guide to the literature, associations, and federal agencies concerned with accounting
Literaturführer und Informationsquellen zur Buchhaltung
[Management Information Guide, 18]

Wirtschaftswissenschaften (Fortsetzung)

Referateblätter (Teilgebiete)

Dokumentation Straße
International Abstracts in Operations Research
Internationale Bibliographie der Versicherungsliteratur
Kurzauszüge aus dem Schrifttum für das Eisenbahnwesen
Straße und Autobahn

Rechtswissenschaften

Referateblätter / Indexe

alle Gebiete	*Index to Foreign Legal Periodicals* *Karlsruher juristische Bibliographie* *Modern Law and Society* *Referateblatt Staat und Recht*
Teilgebiete	*Abstracts on Criminology and Penology* *Bibliographie Ausländisches Recht – Internationales Wirtschaftsrecht – Rechtsvergleichung* *Bibliographie Völkerrecht und internationale Beziehungen* *Crime and Delinquency Abstracts and Current Projects*

Institute / Fachrichtungen

Hauptgebiete	Untergebiete	Nebengebiete
Internationales Recht	Arbeitsrecht	Politikwissenschaft
Öffentliches Recht	Bürgerliches Recht	Rechtsgeschichte
Rechtswissenschaft	Handelsrecht	Rechtsphilosophie
	Kriminologie	Staatswissenschaft
	Staatsrecht	
	Strafrecht	
	Verwaltungsrecht	
	Völkerrecht	

s. auch 45.1–3, 107.4, 5

Wirtschaftswissenschaften (Fortsetzung)

1 *K. N. Metcalf* Gale, Detroit, Mich., 1966; 307 S.
Transportation Information Sources –
an annotated guide to publications, agencies, and other data sources concerning air, rail, water, road and pipeline transportation
Literaturführer und Informationsquellen zum Transportwesen
[Management Information Guide, 8]

2 *P. Wassermann, E. Allen, C. Georgy* Gale, Detroit, Mich., 1974; 4. Aufl., 950 S.
Statistics Sources –
a subject guide to data on industrial, business, social, educational, financial, and other topics for the United States and selected foreign countries
Daten statistischer Natur

3 *Anonym* Vlg Dokumentation, München, 1967; 2.Aufl., 180 S.
Europäische Handelsgesellschaften –
Handbuch der Informationsquellen
Adreßbuch, Informationsquellen, Daten

Rechtswissenschaften

4 *J. J. Marke, E. J. Bander* Gale, Detroit, Mich., 1970; 220 S.
Commercial Law Information Sources –
guide to the literature of commercial and business law
Literaturführer zum Handels- und Unternehmensrecht
[Management Information Guide, 17]

5 *T. Besterman* Rowman & Littlefield, Totowa, N.J., 1972; 436 S.
Law and International Law –
a bibliography of bibliographies
Bibliographien zum Rechtswesen

6 International Association of Law Libraries
Morgan-Grampian, London, 1971; 678 S.
European Law Libraries Guide
Führer zu 522 Bibliotheken für Rechtswissenschaften in 18 Ländern
(Adresse, Bestände, Klassifikationssystem)

Sozialwissenschaften

Referateblätter / Indexe

alle Gebiete	*L'Année Sociologique* *Bibliographie der Sozialwissenschaften* *Bulletin Signalétique – Sociologie* *International Bibliography of the Social Sciences* *Sociological Abstracts*
Teilgebiete	*Dokumentation Jugendforschung, Jugendhilfe, Jugendpolitik* *Internationale volkskundliche Bibliographie* *Population Index*

Institute / Fachrichtungen

Hauptgebiete	Untergebiete	Nebengebiete
Sozialpolitik	Anthropologie	Ökonomie der Soziologie
Soziologie	Ethnologie	
	Familie	
	Jugend	
	Kommunalwesen	
	Landeskunde	
	Öffentliche Verwaltung	
	Völkerkunde	

s. auch 45.1–3, 107.3–5

Sozialwissenschaften

1 *B. F. Hoselitz* Free Press, New York, 1970; 2. Aufl., 425 S.
A Reader's Guide to the Social Sciences
Literaturführer

2 *N. Mackenzie* [Hrsg] Weidenfeld & Nicolson, London, 1966; 286 S.
A Guide to the Social Sciences
Literaturführer

3 *C. M. White* [Hrsg] Amer. Library Ass., Chicago, Ill., 1973; 2. Aufl., 720 S.
Sources of Information in the Social Sciences – a guide to the literature
Literaturführer

4 *R. E. Stevens* Illini, Champaign, Ill., 1967; 166 S.
Reference Books in the Social Sciences and Humanities
Referenzwerke

5 *C. Legard* Gauthier-Villars, Paris, 1966; 322 S.
Guide de recherches documentaires en démographie
Informationsquellen und Dokumentation in der Demographie

6 *E.Bornemann, R.Nave-Herz* [Hrsg] Schwartz, Göttingen, 1966; 102 S.
Verzeichnis sozialwissenschaftlicher Forschungseinrichtungen in der Bundesrepublik Deutschland nebst bibliographischem Anhang über Hand- und Wörterbücher, Bibliographien und Zeitschriften

7 *J. B. Mason* Clio, Santa Barbara, Calif., 1971; 288 S.
Official Publications: U. S. Government, United Nations, International Organizations, and Statistical Sources
5 000 Publikationen der Regierung der USA, der Vereinten Nationen und Internationaler Organisationen
[Research Sources, annotated guide to the social sciences, 2]

8 *B. Hale* Pergamon, Oxford, 1970; 161 S.
The Subject Bibliography of the Social Sciences and Humanities
Theorie der Bibliographie am Beispiel der Sozial- und Geisteswissenschaften; Übersicht der Bibliographien und Nachschlagewerke
[Internat. Series of Monography in Library and Information Sci., 12]

Politische Wissenschaften

Referateblätter

International Bibliography of Political Science
International Political Science Abstracts
Literatur-Verzeichnis der politischen Wissenschaften
Neue Politische Literatur
Politische Dokumentation

Institute / Fachrichtungen

Hauptgebiete	Untergebiete	Nebengebiete
Außenpolitik	Entwicklungspolitik	Politische Bildung
Innenpolitik	Europäische Integration	Wirtschaftspolitik
Politische Wissenschaften	Friedensforschung	
	Parlamente	
	Parteien	
	Sozialpolitik	
	Weltpolitik	

Geschichtswissenschaften

Referateblätter

Bibliographie der Zeitgeschichte
Bulletin Signalétique – Histoire des Sciences et des Techniques
Historical Abstracts
International Bibliography of Historical Sciences
Jahresberichte für deutsche Geschichte

Institute / Fachrichtungen

Hauptgebiete	Untergebiete	Nebengebiete
Geschichte des Altertums	Frühgeschichte	Archäologie
Geschichte des Mittelalters	Geschichte nach Ländern	Didaktik der Geschichte
Geschichte der Neuzeit	Geschichte nach Regionen	Geschichte der Medizin
Geschichtswissenschaften	Urgeschichte	Geschichte der Naturwissenschaften
		Geschichte der Technik
		u. a.

s. auch 45.1–3, 107.3–5

Politische Wissenschaften

1 *F. L. Holler* ABC-Clio, Santa Barbara, Calif., 1974; 2. Aufl., 5 Bde, 440 S.
The Information Sources of Political Science
Literaturführer

2 *W. Krumholz* Vlg Dokumentation, München, 1971; 3. Aufl., 450 S.
Die politische Dokumentation in der Bundesrepublik Deutschland – Untersuchung über den heutigen Stand
Literaturerfassung, Daten, Adressen, Bibliographie

3 *A. de Grazia* [Hrsg] Plenum, New York, 1971/72; 10 Bde, 11 000 S., 3 Ergänzungsbände
The Universal Reference System – Political Science, Government and Public Policy Series
Literaturführer

4 *W. N. Snape* Pergamon, Oxford, 1969; 173 S.
How to Find Out About Local Government
Informationsmöglichkeiten über Regierung und Verwaltung

Geschichtswissenschaften

5 *W. Eckermann, H. Mohr* [Hrsg] Deutscher Vlg d. Wissenschaften, Berlin, 1969; 2. Auf., 546 S.
Einführung in das Studium der Geschichte

E. Opgenoorth Westermann, Braunschweig, 1969; 225 S.
Einführung in das Studium der neueren Geschichte
Studienführer mit Literaturführer

6 *P. Hepworth* Pergamon, Oxford, 1966; 258 S.
How to Find Out in History – a guide to sources of information for all
Literaturführer

7 *G. F. Howe* [Hrsg] Macmillan, New York, 1961; 962 S.
Guide to Historical Literature
Literaturführer

8 *L. Madden* Pergamon, Oxford, 1970; 173 S.
How to Find Out About the Victorian Period – a guide to sources of information
Literaturführer zu Werken viktorianischer Zeit

9 *T. Besterman* Rowman & Littlefield, Totowa, N.J., 1972, 4 Bde
History and Geography – a bibliography of bibliographies

Pädagogik

Referateblätter / Indexe

Annual Educational Bibliography
Bibliographie Pädagogik
Bibliographie pédagogique internationale
Bulletin Signalétique – Psychologie, Pédagogie
Education Index

Institute / Fachrichtungen

Hauptgebiete	Untergebiete	Nebengebiete
Pädagogik	Didaktik	Bildungsökonomie
	Berufspädagogik	
	Erwachsenenbildung	
	Pädagogische Einzelfächer, z. B.	
	Religionspädagogik	
	Sonderpädagogik	
	Unterrichtsmethodik	

s. auch 45.1–3, 107.3–5

Pädagogik

1 *P. Xochellis* Schuster, Geretsried b. München, 1969; 2. Aufl., 193 S.
Pädagogische Bibliographie –
eine Einführung in die pädagogische Fachliteratur
Literaturführer

2 *A. J. Burke, M. A. Burke* Teachers College Press, New York, 1967; 4. Aufl., 413 S.
Documentation in Education
Literaturführer

3 *T. Bristow* Butterworth, London, 1968; 192 S.
Comparitive Education through the Literature –
a bibliographic guide
Literaturführer

4 *D. J. Foskett* Pergamon, Oxford, 1965; 132 S.
How to Find Out in Educational Research
Literaturführer zur Pädagogik-Forschung

5 *M.I. Rufsvold, C. Guss* American Library Ass., Chicago, Ill., 1971; 3. Aufl., 116 S.
Guides to Educational Media –
films, filmstrips, kinescopes, phonodiscs, phonotapes, programmed instruction materials, slides, transparencies, videotapes
Informationsquellen über Lehrmaterial (Filme, Dias, Schallplatten, Tonbänder; programmierter Unterricht)

6 *R. D. Gee* Herts, Hartfield, 1965; 2. Aufl., 128 S.
Teaching Machines and Programmed Learning –
a guide to the literature and other sources of information
Literaturführer und andere Informationsquellen zum programmierten Unterricht

7 *J. L. Limbacher* Bowker, New York, 1972; 197 S.
A Reference Guide to Audiovisual Information
Informationsquellen zu Film, Funk, Fernsehen, Schallplatten

8 *T. Besterman* Rowman & Littlefield, Totowa, N.J., 1971; 306 S.
Education –
a bibliography of bibliographies
Bibliographien

s. auch: „Pädagogische Bibliographien", in: *K. v. Dohnanyi* [Hrsg], Die Schule der Nation (Econ, Düsseldorf, 1971; S. 477–8)

Sprach- und Literaturwissenschaften

Referateblätter

Abstracts of English Studies
American Bibliography of Russian and East European Studies in Language, Literature, Folklore and Paedagogy
L'année philologique
Annual Bibliography of English Language and Literature
Bibliographie der französischen Literaturwissenschaft
Bibliographie linguistique
Bulletin Signalétique – Science du Language
Germanistik
Gnomon
Romanische Bibliographie
Yearbook of Comparative and General Literature

Institute / Fachrichtungen

Hauptgebiete	Untergebiete	Nebengebiete
Linguistik	Amerikanistik	Didaktik der Philologie
Philologie	Anglistik	Literaturgeschichte
Poetik	Deutsche Philologie	
	Französische Philologie	
	Germanistik	
	Italienische Philologie	
	Niederländische Philologie	
	Romanistik	
	Russische Philologie	
	Slavistik	
	Spanische Philologie	

s. auch 45.1–3, 107.3–5

Sprach- und Literaturwissenschaften

1 *G. Chandler* — Pergamon, Oxford, 1968; 236 S.
How to Find Out About Literature
Literaturführer

2 *J. Thomson* — Bingley, London, 1971; 188 S.
English Studies –
a guide for librarians to the sources and their organization
Literaturführer zu englisch-sprachiger Literatur

3 *J. Bate* — Pergamon, Oxford, 1968; 176 S.
How to Find Out About Shakespeare
Literaturführer und andere Informationsquellen zu Werken Shakespeares, deren Aufführungen usw.

4 *B.Hartie, C.Riley* [Hrsg] — Gale, Detroit, Mich., 1962– ; 32 Bde
Contemporary Authors –
an international bio-bibliographical guide to current authors and their work
25 000 bio-bibliographische Angaben zu Autoren der Gegenwart; jährlich 3 000 neue Angaben

5 *T. Besterman* — Rowman & Littlefield, Totowa, N.J., 1971; 252 S.
Academic Writings –
a bibliography of bibliographies
Bibliographien akademischer Literatur

6 *T. Besterman* — Rowman & Littlefield, Totowa, N.J., 1971; 457 S.
Literature, English and American –
a bibliography of bibliographies
Bibliographien englisch-sprachiger Literatur

7 *G. Albrecht, G. Dahlke* — Vlg Dokumentation, München, 1970/1971/1973; 4 Bde, 1 045/1 031/400 S.
Internationale Bibliographie zur Geschichte der deutschen Literatur
Bd 1, Von den Anfängen bis 1789 / Bd 2, Bd 3, Von 1789 bis zur Gegenwart / Bd 4, Register

8 *G. Woerner* [Hrsg] — Kindler, Zürich, 1965-; 12 Bde
Deutscher Taschenbuchverlag, München, 1974; 25 Bde, 11 500 S.
Kindlers Literatur Lexikon
18 000 Inhaltsangaben, mit Literaturangaben, über Romane, Gedichte, Theaterstücke, Epen, Memoiren, Reisebeschreibungen, historische und philosophische Schriften; verschiedene Register
[dtv 5999]

Literaturführer zu Teilgebieten: siehe auch 29.1

Kunst-, Musik- und Theaterwissenschaften

Referateblätter / Indexe

Archäologische Bibliographie
Art Index
Bibliographie der Kunstblätter
Bibliographie des Musikschrifttums
Bulletin Signalétique – Estétique, Archéologie
Deutsche Musikbibliographie
Guide to Dance Periodicals
Music Index
Répertoire d'art et d'archéologie
Répertoire international de la littérature musicale

Ausbildungsstätten / Fachrichtungen

Hauptgebiete	Untergebiete	Nebengebiete
Archäologie	Arrangieren	Kunstgeschichte
Filmwissenschaft	Graphik	Musikgeschichte
Kunstwissenschaft	Komponieren	Theatergeschichte
Musikwissenschaft	Malerei	
Theaterwissenschaft	Modellieren	
	Plastik	
	Sprechkunde	
	Tanzkunst	
	Zeichnen	

s. auch 45.1–3, 107.5

Kunst-, Musik- und Theaterwissenschaften

1 *N. Carrick* Pergamon, Oxford, 1965; 176 S.
How to Find Out About the Arts
Literaturführer. Unterteilung in: Kunst, Kunstgeschichte, Architektur, Stadtplanung, Malerei, Drucken, Theater

2 *M. W. Chamberlin* American Library Ass., Chicago, Ill., 1959; 418 S.
Guide to Art Reference Books
Literaturführer zu Nachschlagewerken der Künste

3 *T. Besterman* Rowman & Littlefield, Totowa, N.J., 1971; 216 S.
Art und Architecture –
a bibliography of bibliographies
Bibliographien der Künste und Architektur

4 *J. H. Davies* Pergamon, London, 1969; 2. Aufl., 218 S.
Musicalia –
sources of information in music
Literaturführer und andere Informationsquellen für Musizierende, Sammler und Zuhörer

5 Anonym Bärenreiter, Kassel, 1971– ; 2 Serien, mehrere Bde
Répertoire des sources musicales
Informationsquellen musikalischer Werke

6 *T. Besterman* Rowman & Littlefield, Totowa, N.J., 1971; 365 S.
Music and Drama –
a bibliography of bibliographies
Bibliographien

7 *R. Schaal* Heinrichshofen, Wilhelmshaven, 1971; 163 S.
Führer durch deutsche Musikbibliotheken
Bestände von 400 Musikbibliotheken und Archiven in der Bundesrepublik Deutschland und Deutschen Demokratischen Republik

8 *C. J. Lowe* Ohio State Univ., Columbus, Ohio, 1971; 137 S.
A Guide to Reference and Bibliography of Theatre Research
Literaturführer zu den Theaterwissenschaften

Archäologie: siehe auch Geschichtswissenschaften, S. 94
Architektur: siehe auch Bauwesen, Architektur, S. 84

Geographie

Referateblätter

Bibliographie géographique internationale
Bibliotheca cartographica
Documentatio geographica
Geographical Abstracts

Institute / Fachrichtungen

Hauptgebiete	Untergebiete	Nebengebiete
Geographie	Kartographie	Didaktik der Geographie
Geologie	Photogrammetrie	Heimatkunde
Hydrologie	Topographie	Wirtschaftsgeographie

s. auch 45.1–3, 63.3, 107.3, 5

Geographie

1 *C. B. Muriel Lock* Bingley, London, 1972; 532 S.
Geography –
a reference handbook
Literaturführer

2 *C. S. Minto* Pergamon, Oxford, 1966; 114 S.
How to Find Out in Geography –
a guide to current books in English
Literaturführer. Einteilung nach Dewey-Dezimalklassifikation

3 *G. L. Alexander* Scarecrow, Metuchen, N.J., 1971; 682 S.
Guide to Atlases: World, Regional, National, Thematic –
an international listing of atlases published since 1950
Bibliographie. Unterteilung in: Welt-, Kontinental-, Staats- und thematische Atlanten und Karten

4 *R. W. Stephenson,* Special Libraries 61, 87–98, 110–2 (Feb.1970)
Published Sources about Maps and Atlases
Informationsquellen zu Karten und Atlanten (Zeitschriften, Bibliographien, Bibliothekskataloge, Verleger, Händler)

5 *J. R. Kennedy* [Hrsg] Bro-Dart, Williamsport, Penn., 1972; 73 S.
Guide to Reference Sources on Africa, Asia, Latin America and the Caribbean, Middle East and North Africa and Russia and East Europe
Annotierte Auswahlbibliographie

6 *H. C. Campbell* Pergamon, Oxford, 1967; 236 S.
How to Find Out About Canada
Literaturführer und andere Informationsquellen über Kanada

7 *J. E. Pemberton* Pergamon, Oxford, 1966; 214 S.
How to Find Out About France
Literaturführer und andere Informationsquellen über Frankreich

8 *F. S. Stych* Pergamon, Oxford, 1970; 320 S.
How to Find Out About Italy
Literaturführer und andere Informationsquellen über Italien

9 *T. Besterman* Rowman & Littlefield, Totowa, N.J., 1972; 4 Bde
History and Geography –
a bibliography of bibliographies
Bibliographien über Geschichte und Geographie

Philosophie, Psychologie

Referateblätter / Indexe

L'année psychologique
Bibliographie de la philosophie
Bulletin Signalétique – Philosophie
Bulletin Signalétique – Psychologie, Pédagogie
Philosopher's Index
Philosophischer Literaturanzeiger
Philosophische Rundschau
Psychological Abstracts
Répertoire bibliographique de la philosophie

Institute / Fachrichtungen

Hauptgebiete	Untergebiete	Nebengebiete
Philosophie	Erkenntnistheorie	Wirtschaftspsychologie
Psychologie	Ethik	
	Logik	
	Metaphysik	
	Wissenschaftstheorie	

Religionswissenschaften

Referateblätter / Indexe

Index to Religious Periodicals
International Bibliography of the History of Religions
Internationale Zeitschriftenschau für Bibelwissenschaft und Grenzgebiete

Kirchen / Fachrichtungen

Hauptgebiete	Untergebiete	Nebengebiete
Christliche Religionen	Bibelwissenschaft	Kirchengeschichte
Nichtchristliche Religionen	Liturgie	Kirchenrecht
Theologie	Missionswissenschaft	Religionspädagogik
	Moraltheologie	Religionssoziologie
	Ökumene	
	Pastoraltheologie	

s. auch 45.1–3, 107.3, **5**

Philosophie, Psychologie

1 *D. H. Borchardt* Pergamon, London, 1968; 104 S.
How to Find Out in Philosophy and Psychology
Literaturführer

2 *W. Totok* Klostermann, Frankfurt, 1959; 35 S.
Bibliographischer Wegweiser der philosophischen Literatur

3 *Koehler* und *Volckmar*-Fachbibliographien
Koehler & Volckmar, Köln, 1965; 434 S.
Philosophie und Grenzgebiete (1945–1964)
Barsortimentskatalog

Religionswissenschaften

4 *C. J. Adams* Free Press, New York, 1965; 364 S.
A Reader's Guide to the Great Religions
Literaturführer

5 *J. G. Barrow* Ann Arbor, Mich., 1955; 489 S.
A Bibliography of Bibliographies in Religion
Bibliographien zu den Religionswissenschaften

4. Informationsaufbereitung

Eine Informationssuche wird zu informativen Zwecken gemacht oder aber mit der Absicht, das gefundene Material auszuwerten und geeignete Informationen zusammenzuführen. Diese „Informationsaufbereitung" wird hier in drei Stufen betrachtet: Arbeitsmethodik, Dokumentation, Manuskript.

4.1. Arbeitsmethodik

Arbeitsmethodik ist das (systematische) Vorgehen bei der Informationsaufbereitung. Sie soll möglichst effektiv sein, d. h. bei einem bestimmten Aufwand (Zeit, finanzielle Mittel) soll das Ergebnis optimal sein. Viele Faktoren spielen dabei eine Rolle, z. B. Vorkenntnisse, Phantasie, persönliche Kontakte, so daß effektives (geistiges) Arbeiten als „persönliche Gabe" betrachtet wird. Andererseits erscheint es durchweg als möglich, die wichtigsten Grundelemente zu lehren. *Beispiele:*

Studienplanung	welche Vorlesungen und Seminare besuchen? Mitschreiben und/oder Nachlesen? welche Punkte notieren? wie auf Prüfungen vorbereiten?
Aufnahme von Informationen (Lernprozess)	wie läßt sich Lehrstoff vermitteln? wie bleibt er im Gedächtnis haften? wie soll gelesen werden? (Lesegeschwindigkeit; Bedeutung von Überschriften, Abschnitten, Abbildungen usw.)
Wiedergabe von Informationen	wie soll ein Vortrag gehalten werden? (Gliederung, Dias, Sprechtechnik, usw.) wie werden Manuskripte ausgearbeitet? (Informationsmaterial suchen, ordnen, auswerten; Anfertigung von Protokollen, Studien- und Diplomarbeiten, Dissertationen)

Nebenstehend aufgeführte Literatur umfaßt Einführungen in das wissenschaftliche Arbeiten und Studienplanung.

4.2. Dokumentation

Unter Dokumentation wird hier das Vorgehen und die Methodik behandelt, wie Informationsmaterial und die darin enthaltenen Informationen systematisch gesammelt und (abrufbar) geordnet werden. Hervorzuheben ist jedoch, daß es kein allgemeingültiges „Rezept" für solches Vorgehen gibt, da mehrere Parameter wie Fachgebiet, Umfang und Zweck der Sammlung maßgebend sind; beim Aufbau von Dokumentationssystemen sollten aber so weit wie möglich bestehende Klassifikationssysteme und Thesauri berücksichtigt werden, um den Vergleich und die Anpassung zu erleichtern.

Zwei Ordnungssysteme lassen sich unterscheiden: Die auf den Informationsträgern enthaltenen Sachverhalte (Begriffe, Namen, Daten) werden entweder direkt (d. h. unverschlüsselt) geordnet oder in Zahlen- und Buchstaben- bzw. Loch-Kombinationen umgesetzt (verschlüsselt) und die so erhaltenen Kodes geordnet.

1 *H. Seiffert* Vieweg, Braunschweig, 1971; 168 S.
Einführung in das wissenschaftliche Arbeiten –
Bibliographie, Dokumentation, Manuskript
(Lehrbuch für Studenten aller geisteswissenschaftlichen, wirtschaftswissenschaftlichen, naturwissenschaftlichen und technischen Fachrichtungen)

Auffinden und Auswerten von Informationsmaterial, Ausarbeiten von Manuskripten (mit Literaturführer)

2 *O. P. Spandl* Vieweg, Braunschweig, 1973; 2. Aufl., 111 S.
Die Organisation der wissenschaftlichen Arbeit
(Studienbuch für Studenten aller Fachrichtungen ab 1. Semester)

Studienplanung. Bibliotheksbenutzung. Manuskript-Anfertigung. Ablegen von Prüfungen
[rororo vieweg, 9; Rowohlt, Reinbek/Hamburg, 1974; 128 S.]

3 Anonym Fischer, Frankfurt, 1973; 12 Bde, 4000 S.
Fischer Kolleg –
Das Abitur-Wissen

Bd 1,	Schule, Berufswahl, Studium	Bd 7,	Fremdsprachen
Bd 2,	Mathematik	Bd 8,	Literatur
Bd 3,	Physik	Bd 9,	Geographie
Bd 4,	Chemie	Bd 10,	Geschichte
Bd 5,	Biologie	Bd 11,	Sozialwissenschaften
Bd 6,	Deutsch	Bd 12,	Religion und Philosophie

4 *E. Klinnert* [Hrsg] Rowohlt, Reinbek/Hamburg, 1970; 2 Bde, 160 + 156 S.
Der Studienführer –
ein Leitfaden für Abiturienten und Erstsemester

Bd 1, Medizin, Rechtswissenschaft, Germanistik, Romanistik, Anglistik
[rororo tele, 20]

Bd 2, Geschichte, Bauwesen, Mathematik, Elektrotechnik, Bergbau, Agrarwissenschaften, Biochemie, Pharmazie
[rororo tele, 27]

Studium (Vorlesungen, Übungen, Seminare, Prüfungen), Berufsmerkmale, wissenschaftliches Arbeiten

5 *G. Mangel, K. Walter* [Hrsg] Kiepenheuer & Witsch, Köln, 1973; 160 S.
Kritischer Studienführer –
Materialien für Abiturienten und Studienanfänger (mit dokumentarischem Anhang)
[pocket 46]

6 *N. Mackenzie, M. Eraut, H. C. Jones* Vlg Dokumentation, München, 1973; 220 S.
Lehren und Lernen –
eine Einführung in neue Methoden und Lernmittel in der Hochschulausbildung
[UTB Uni-Taschenbücher, 15]

Unverschlüsselte Ordnungssysteme

Karteikarten beliebiger, aber einheitlicher Größe (z. B. Postkartenformat) anlegen; die Gesamtheit dieses Ordnungssystems heißt *Steilkartei* oder *Zettelkasten.* Ordnung der Karten z. B. alphabetisch nach den auf ihnen enthaltenen Begriffen; Zusammenführen der Karten ähnlicher Dokumente hinter *Leitkarten* oder durch Aufsetzen von *Reitern.*

Verschlüsselte Ordnungssysteme

Die Verschlüsselung kann in Klarschrift gemäß einem Klassifikationssystem (s. S. 50–53) oder durch Löcher, Kerben und Schlitze (Lochkarten) erfolgen. Am verbreitesten sind wohl *Maschinenlochkarten* (elektronische Datenverarbeitung). Aber auch *Handlochkarten* finden noch vielfach Verwendung. Folgende Arten werden unterschieden:

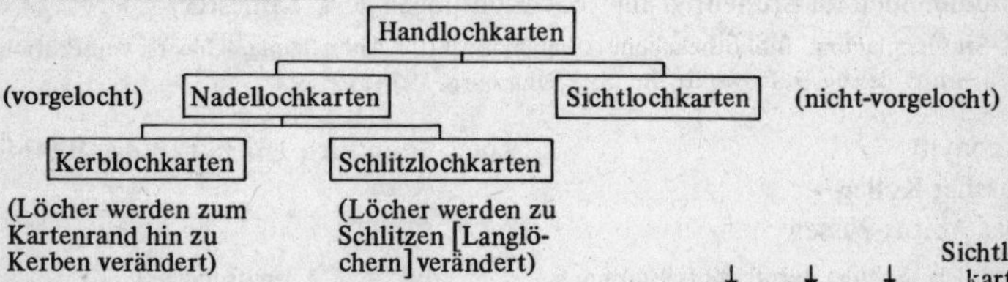

- Handlochkarten
  - Nadellochkarten (vorgelocht)
    - Kerblochkarten (Löcher werden zum Kartenrand hin zu Kerben verändert)
    - Schlitzlochkarten (Löcher werden zu Schlitzen [Langlöchern] verändert)
  - Sichtlochkarten (nicht-vorgelocht)

Selektionsprinzip: Die Dokumente (D_i) enthalten gewissen Sachverhalte (etwa Schlagwörter S_i). Die Gesamtheit dieser Informationen läßt sich in einer Matrix darstellen (Datenfeld); s. nebenstehendes Schema.

	↓ S_1	↓ S_2	↓ S_3	S_4	S_5
→ D_1	x		x		
→ D_2		x			
→ D_3	x			x	x
D_4	x				
D_5		x	x		x

(Spalten S_1–S_5: Sichtlochkarten; Zeilen D_1–D_5: Nadellochkarten)

Bei *Nadellochkarten* wird für jedes *Dokument* eine Karte angelegt und die jeweiligen Sachverhalte an den zugehörigen Stellen durch Kerben bzw. Schlitze markiert. Bei *Sichtlochkarten* wird für jeden *Sachverhalt* eine Karte angelegt, bei denen jeweils die Identifizierungsnummer des zugehörigen Dokuments gelocht wird. Während bei Nadellochkarten die bibliographischen Daten der Dokumente auf den Karten selbst enthalten sind, muß bei Sichtlochkarten ein Verzeichnis dieser Daten mit (laufender) Identifizierungsnummer der Dokumente getrennt angelegt werden.

Bei Nadellochkarten fallen die an den gewünschten Positionen „genadelten" Karten aus dem Verband ganz raus (Kerblochkarten) oder können leicht abgetrennt werden (Schlitzlochkarten). Bei Sichtlochkarten erfolgt die Auswertung im „Durchblick" der zur Deckung gebrachten (2 bis etwa 5) Karten mit den gewählten Sachverhlaten: durchgehende Löcher geben die Identifizierungsnummer des oder der gesuchten Dokumente an.

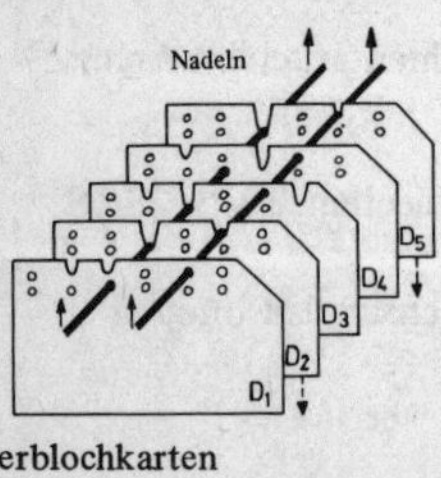

Kerblochkarten

(D_2 und D_5 enthalten die „genadelten" Sachverhalte)

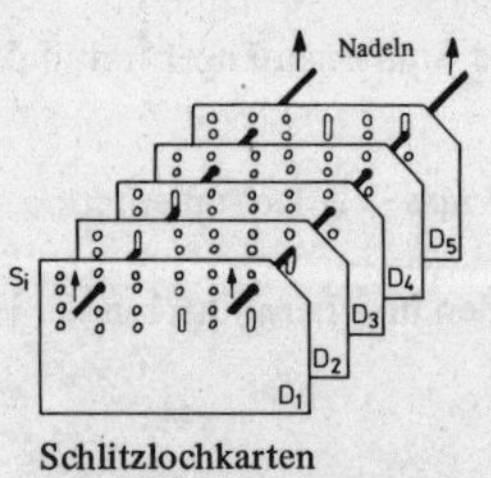

Schlitzlochkarten

(keins der Dokumente enthält die „genadelten" Sachverhalte gleichzeitig)

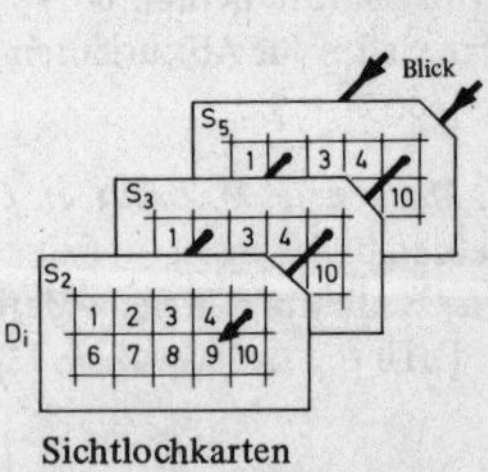

Sichtlochkarten

(die Sachverhalte S_2, S_3 und S_5 sind im Dokument D_5 enthalten)

1 *G. Jahoda* Wiley, New York, 1970; 140 S.
Information Storage and Retrieval Systems for Individual Researches
Anfertigung von Indexen, Index-Vokabular, Indexarten

2 *B. E. Holm* Reinhold, New York, 1968; 299 S.
How to Manage your Information
Dokumentationssysteme, unterteilt nach Fachgebieten (Ingenieur, Chemiker, Physiker Architekt, Arzt, Archivist)

3 *H. Kunze* Bibliographisches Institut, Leipzig, 1966; 2. Aufl., 68 S.
Über das Registermachen
Grundwissen über Register, deren Nutzen und Anfertigung

4 *O. Frank* Dorotheen, Stuttgart, 1968; 72 S.
Ordnung in Karteien und Verzeichnissen
Anlegen von Karteien und Registern
[Hdb der Klassifikation, 6]

5 *A. C. Foskett* Bingley, London, 1970; 2. Aufl., 91 S.
A Guide to Personal Indexes Using Edge-Notched, Uniterm, and Peek-a-boo cards
Verwendung von Lochkarten bei Indexen

6 *F. Clauss* Zentralinstitut für Information und Dokumentation, Berlin, 1968; 160 S.
Möglichkeiten und Grenzen der Handlochkartenverfahren für das Speichern und Wiederauffinden von Informationen

13.3 und 37.3 enthalten ebenfalls ein Kapitel über Lochkarten

4.3. Manuskript

Je nach Zielsetzung wird sich die Ausarbeitung eines Manuskriptes verschieden gestalten. Im folgenden werden drei Typen besprochen: Vortragsmanuskript, (informeller) Bericht, Veröffentlichung.

Vortragsmanuskript

Ob bzw. wie gründlich ein Manuskript anläßlich eines Vortrages ausgearbeitet wird, hängt von mehreren Faktoren ab; z. B.

ist der Redner routiniert?

kommt es auf genaue Formulierungen an, wie sie in der Politik oder im Rechtswesen vorkommen?

sollen die Unterlagen aufgehoben werden zwecks späteren Vortrags oder Veröffentlichung?

Auf jeden Fall sollte aber ein Vortragender die Gliederung seiner Rede gut vorbereiten und Notizen darüber machen; die Zuhörerschaft sollte diesen Aufbau des Vortrags explizit mitgeteilt bekommen.

Bericht

Bei der Niederschrift eines Berichtes (z. B. Studienarbeit, Meßprotokoll) gelten gewisse formelle Regeln: so müssen Name, Fachrichtung, Zielsetzung und Ergebnis nach Vorschrift angegeben werden. Aber auch bei weniger formellen Arbeiten (z. B. Reisebericht, improvisiertes Gutachten) sollten eher strenge Maßstäbe gesetzt werden. Denn: den Bericht werden möglicherweise dritte Personen zur Einsicht bekommen, die sich diesen besonders dann ausführlich ansehen werden, wenn die Darstellung „kurz und bündig", übersichtlich und verständlich ist.

Veröffentlichung

Soll ein Manuskript zur Veröffentlichung in einer Zeitschrift, Zeitung oder als Buch vorbereitet werden, gelten (oft strikte) Regeln über Aufbau, Stil, Abbildungen, Literaturverzeichnis usw. Diese Regeln variieren von Zeitschrift zu Zeitschrift, sind aber auch von Wissensgebiet zu Wissensgebiet verschieden. Es empfiehlt sich, die jeweiligen Gepflogenheiten zu beachten, selbst wenn sie nicht gerade sinnvoll erscheinen.

1 *S. Jordan, H. Shimberg, J. M. Kleinberg* [Hrsg]
Wiley, New York, 1971; 2 Bde, 1 456 S.
Handbook of Technical Writing Practices
Handbuch mit Referenzen. Dokumente und Veröffentlichungen. Herstellung technischer Druckwerke

2 *H. W. Weisman* Wiley, New York, 1968; 218 S.
Technical Correspondence –
a handbook and reference source for the technical professional
Handbuch mit Referenzen für Autoren und Bearbeiter technischer Artikel

3 *H. Lichtenstein* Goldmann, München, 1971; 90 S.
Manuskript und Drucklegung wissenschaftlicher Arbeiten –
eine Anleitung für Autoren, Lektoren und Redakteure

4 *W. Lanze* Vulkan, Essen, 1972; 2. Aufl., 224 S.
Das technische Manuskript –
ein Handbuch mit ausführlichen Anleitungen für Autoren und Bearbeiter
Abfassen von Fachartikeln. Drucklegung. Urheberrecht

5 *R. E. Maizell, J. F. Smith, T. E. R. Singer*
Wiley, New York, 1971; 297 S.
Abstracting Scientific and Technical Literature –
an introductory guide and text for scientists, abstractors, and management
Anfertigung von Kurzfassungen. Referieren. Informationssysteme

6 *W. Schön* Poeschel, Stuttgart, 1969; 371 S.
Schaubildtechnik –
die Möglichkeiten bildlicher Darstellung von Zahlen- und Sachbeziehungen

7 *T. J. Pepe* Dover, New York, 1970; 4. Aufl., 187 S.
Free and Inexpensive Educational Aids
Verzeichnis von (meist kostenlosem) Anschauungsmaterial zu Unterrichtszwecken: Broschüren, Karten, Filme, usw. Angabe des Inhalts und Niveaus sowie der Vertriebsstellen

8 Anonym UNESCO, Paris, 1963; 83 S.
Bibliography of Publications Designed to Raise the Standard of Scientific Literature
Aufbau und Anfertigung technischer Manuskripte. Drucklegung. Informationssuche. Indexieren. Referenzwerke für technische Autoren

Die wichtigsten Teile eines Manuskriptes zwecks Veröffentlichung sind:

Titel	soll möglichst kurz sein, gleichzeitig aber das Thema möglichst genau wiedergeben (ggf. Untertitel angeben)
Kurzreferat (insbes. bei Zeitschriften)	gibt den wesentlichen Inhalt des Artikels in konzentrierter Form an; soll Absicht, Methode, Ergebnis und Schlußfolgerung aufführen. Empfohlener Umfang: weniger als 100–200 Wörter. Ein indikatives Referat „weist hin" auf den Inhalt, während ein informatives Referat Teile des Inhalts selbst (z. B. Daten) wiedergibt.
Vorwort (bei Büchern)	enthält Absicht des Buches und persönliche Bemerkungen
Inhaltsverzeichnis (bei Büchern)	gibt die Gliederung an; soll möglichst übersichtlich sein
Einleitung	erläutert die Problematik des Themas, den Stand des Wissens, die Zielsetzung und das Vorgehen
Hauptteil, einschl. Figuren und Tabellen	Darstellung abhängig vom jeweiligen Wissensgebiet und verlagsmäßigen Erfordernissen. Figuren und Tabellen sollen hinreichend beschriftet sein und auch ohne Text verständlich sein; aus drucktechnischen Gründen sollte ein Verzeichnis der Figuren und Tabellen extra beigefügt werden
Zusammenfassung	führt die wichtigsten Ergebnisse in konzentrierter Form auf
Anhang	bringt Beispiele oder ausführliche Abhandlungen, die den Hauptteil unübersichtlich machen würden
Literaturverzeichnis, Referenzen	führt alle zitierten Dokumente auf. Anordnung und Form je nach Verlag verschieden, z. B. alphabetische Anordnung nach Autoren, chronologische Anordnung nach Jahr der Veröffentlichung, gleiche Reihenfolge wie im Text (Beispiele für Zitatformen: Zeitschriften, S. 20; Bücher, S. 22)

«Meine Lehrerin hatte drei Spezialitäten . . .

... und zwar: Ladendiebstähle, Taschendiebstähle und das Klauen von Damenuhren. Gerade auf diesem Gebiet gelangte sie auf die höchste Stufe der Vollendung, die je von einer Frau erreicht wurde. Mir lagen Laden- und Uhrendiebstähle am besten ...

Der Teufel, der mit Hilfe der bittersten Armut mich auf diese Bahn gebracht hatte, führte mich auf ihr zu ungewohnter Höhe, als die Not mich nicht bedrängte und die Zukunft mich nicht erschreckte ... Hätte sich damals eine Aussicht auf Arbeit, ich meine auf rechtschaffene Arbeit gezeigt, als ich das Elend nahen fühlte, dann wäre ich wohl nie zu diesem Handwerk und zu diesen Menschen gekommen. Die Gewohnheit aber stumpfte mich ab, und ich wurde immer verwegener, je länger ich, ohne erwischt zu werden, dieses Treiben fortsetzte. Meine Komplizin, meine ehemalige Lehrerin, und ich arbeiteten die ganze Zeit zusammen, und wir wurden durch unsere Erfolge nicht nur kühner, sondern auch reich. So hatten wir beispielsweise einmal hundertzwanzig Uhren in Händen.»

Wer Uhren klaut, wie Defoes «berüchtigte Moll Flanders», der gibt dem Spruch «Zeit ist Geld» einen anderen Sinn, als Franklin es meinte. Überhaupt: Wäre Zeit nur Geld, müßten Tagediebe reich sein. Das Verhältnis der Zeit zum Geld ist vielschichtiger. Zeit kostet Geld, wenn man ein schweres Amt hat. Zeit bringt Geld, wenn man Pfandbriefe hat. Kommt Zeit, kommt Zins.

Anhang

Anhang

Einige Verbesserungsvorschläge

1. Produktion und Zugänglichkeit von Informationsmaterial

In den Abschnitten „Suchmethodik" (S. 46–49) und „Literaturführer" (S. 56–105) des Kapitels „Informationssuche" ist das jeweilige Informationsmaterial in drei Klassen eingestuft worden:

Literatur zur Orientierung
Literatur der Daten und Fakten
Fachliteratur

Diese Einteilung nach dem Zweck dürfte mit tatsächlichen Bedürfnissen weitgehend übereinstimmen. Außerdem sollten noch folgende Punkte beachtet werden:

- *Produktion von Informationsmaterial*

Es liegt der Schluß nahe, nicht nur die oben genannte *Gruppierung* von Literatur vorzunehmen, sondern von vornherein für die *Produktion* von Literatur nach Bedürfnissen zu sorgen. Das bedeutet, daß für ein und denselben Wissensstoff nach Niveau und Zweck *gestaffeltes* Informationsmaterial herausgegeben wird, also das gleiche Thema in drei Versionen abgehandelt wird (s. nebenstehendes Beispiel: Mikroskopie).

Dies wäre eine dankbare Aufgabe für Verlage, sei es durch Koordination innerhalb eines Hauses oder durch Zusammenarbeit verschiedener Verlage (etwa der Fachbuchverlag mit dem Taschenbuchverlag).

- *Zugänglichkeit von Informationsmaterial*

Die Bestände von Bibliotheken könnten entsprechend innerhalb der großen Fachgebiete gruppiert werden, um so den Benutzerbedürfnissen entgegen zu kommen (s. nebenstehenden Vorschlag).

Gewiß läßt sich dies nicht auf alle Informationssammlungen übertragen. Von großem Nutzen wäre diese Anordnung aber bestimmt für die frei zugänglichen Bibliotheken, wie z. B. Stadtbücherei oder Freihandbibliotheken.

2. Informationsvermittlung

An Ausbildungsstätten sollten mehr Kurse abgehalten werden, in denen optimale Informationsvermittlungen gelehrt wird; z. B. „wie ein Manuskript angefertigt werden sollte", „wie eine Vorlesung gehalten werden sollte", „wie ein Vortrag zu halten ist".

3. Information und Dokumentation

An Universitäten und sonstigen Ausbildungsstätten sollten Einführungen in das Wesen der Information und Dokumentation gegeben werden. Dadurch würde manchem geistig Schaffenden der *effektive* Umgang mit Informationsmaterial vermittelt.

- Produktion von Informationsmaterial in drei Versionen (Beispiel: Mikroskopie)

Orientierung	„Mikroskopie für jedermann" Inhalt: Licht, geometrische Optik, Aufbau eines einfachen Mikroskops, Bedienungsanleitung, Anwendungen, Fachausdrücke, Literatur (Einführungen)
Daten und Fakten	„Nachschlagewerk zur Mikroskopie" Inhalt: Mikroskope und Zubehör, Lieferfirmen, Tabellen und Tafeln Glossar, Bibliographie
Fachliteratur	„Die wissenschaftlichen Grundlagen der Mikroskopie" Inhalt: Licht, geometrische Optik, Welleneigenschaften, Aufbau von Mikroskopen, Auflösungsvermögen, Meßprobleme, Anwendungen, Literatur

- Zugänglichkeit von Informationsmaterial in drei Klassen

Orientierung	Glossare, Studienführer, Literaturführer, populärwissenschaftliche Darstellungen, einführende Lehrbücher (möglichst viele Exemplare „entleihbar", ein Exemplar „nicht entleihbar")
Daten und Fakten	Enzyklopädien, Handbücher, Tabellen- und Tafelwerke, Wörterbücher, Glossare, Adreßbücher, Kataloge („nicht entleihbar", ggf. ein Exemplar „entleihbar")
Fachliteratur	Lehrbücher für Fortgeschrittene, Monographien, Sammelschriften, Tagungsberichte, wichtige Forschungsberichte („entleihbar"; „nicht entleihbar" bei neueren, wichtigen Büchern, ggf. für einen bestimmten Zeitraum)

4. Literaturführer und Studienführer

Die Durchsicht der Literaturführer (S. 56–105) und Studienführer (S. 107) läßt erkennen, daß für viele Fachgebiete die entsprechende Literatur nicht ausreichend ist (alte Auflage, deutschsprachiges Schrifttum nicht genügend berücksichtigt, u.a.m.) oder noch gar nicht existiert (bei neuen interdisziplinären Fachgebieten). Es bleibt zu hoffen, daß sich Verlage und Autoren der Aufgabe annehmen, diese Lücken zu schließen. Wünschenswert wäre dabei noch ein „systematisches" Vorgehen, d.h. die Literaturführer und Studienführer sollten innerhalb von Serien (etwa wie "How to Find Out" von Pergamon) herausgegeben werden; dies erleichtert ihren Gebrauch erheblich, besonders bei Fachwechsel oder beim Arbeiten auf einem interdisziplinären Gebiet.

Autorenregister
Titelverzeichnis
Sachregister
Nachtrag

Autorenregister

Es bedeutet: 105.4 = S. 105, Referenz 4

Titelverzeichnis

Die Haupttitel (sowie die zugehörigen Nebentitel, falls zum Verständnis erforderlich) werden unter ihren wichtigsten Begriffen aufgeführt, z.B.:

.
.
.
Electronics – a bibliographical guide. 79.3
.
.
.
guide. Electronics – a bibliographical ... 79.3
.
.
.

Dabei bedeutet 79.3: Seite 79, Referenz 3
Die Anordnung ist streng alphabetisch, z.B. kommt 'Guides to ...' vor 'Guide to ...'.
Serien und *periodisch* erscheinendes Schrifttum sind *kursiv* wiedergegeben, wobei * letzterem noch ein Stern vorangestellt ist.

Sachregister

Die wichtigsten Begriffe sind in den folgenden Terminologie-Tabellen „logisch" gruppiert und ermöglichen dadurch eine gezielte Benutzung des Sachregisters. Es bedeuten: 20 = Seite 20; 15.1 = S.15, Ref. 1

Beschreibung von Informationsmaterial			
	Informationsarten	Formen	Charakteristika
primär	Dissertation	Atlas	Besprechung
	Norm	Bericht (Report)	Daten
	Patentschrift	Broschüre	Einführung
	Tagungsbericht	Bücher	Orientierung
	Vorabdruck	Monographie	populärwissenschaftliche
	Vortrag	Sammelschrift	Literatur
sekundär	Adreßbuch	Serie	Übersetzung
	Bibliographie	Film	
	Index-Zeitschrift	Kleinschrift	
	Katalog	Mikroform	
	Literaturführer	Periodika	
	Referateblatt	Zeitschrift	
	Reiseführer	Zeitung	
	Studienführer		
tertiär	Enzyklopädie		
	Glossar		
	Handbuch		
	Lehrbuch		
	Tabellenwerk		
	Tafelwerk		
	Taschenbuch		
	Wörterbuch		

Werdegang von Informationsmaterial			
Informationsproduktion	Informationssammlungen	Informationssuche	Informationsaufbereitung
Gesellschaft	Archiv	Index, Indexierung	Arbeitsmethodik
Institution	Bibliothek	Descriptor, Schlagwort,	Dokumentation
Universität	Buchhandel	Schlüsselwort, Stichwort	Lochkarten
Verfasser	Datenbank	Thesaurus	Handlochkarte
Verlag	Industriebibliothek	KWIC-Index, KWOC-Index	Kerblochkarte
	Informationsstelle	Zitierungsindex	Schlitzlochkarte
	Spezialbibliothek	Informationsverbreitung	Sichtlochkarte
	Universitätsbibliothek	Informationswiedergewinnung	Maschinenlochkarte
		Genauigkeits-Koeffizient	Manuskript
		Vollständigkeits-Koeffizient	
		Rückwärtsdokumentation	
		Vorwärtsdokumentation	
		Katalog	
		alphabetischer Katalog	
		systematischer Katalog	
		Klassifikation	
		alpha-numerische Klassifikation	
		Dezimalklassifikation	
		Facetten-Klassifikation	

Fachrichtungen und Fächer		
Exakte und Naturschaften	Ingenieurwissenschaften	Geisteswissenschaften
Astronomie	Agrarwissenschaften	Geschichtswissenschaften
Biologie	Architektur	Kunstwissenschaften
Biochemie	Atomkernenergie	Literaturwissenschaften
Botanik	Bauwesen	Literatur, schöngeistige
Zoologie	Bergbau	Musikwissenschaften
Chemie	Elektronik	Pädagogik
Kernchemie	Elektronische Datenverarbeitung	Philosophie
Radiochemie	Elektrotechnik	Religionswissenschaften
Geographie	Kältetechnik	Sprachwissenschaften
Geologie	Kernforschung	Anglistik
Mathematik	Metallurgie	Germanistik
Statistik	Technik	Romanistik
Meteorologie	Transportwesen	Theaterwissenschaften
Mineralogie	Verfahrenstechnik	Politische Wissenschaften
Physik	Weltraumforschung	Rechtswissenschaften
Kernphysik	Werkstoffe (Beton, Eisen, Gummi, Plastik, Stahl, Textil, Zement)	Sozialwissenschaften
Medizin		Demographie (Statistiken)
Psychiatrie		Wirtschaftswissenschaften
Psychologie		Bankwesen
Veterinärmedizin		Handel
Zahnmedizin		Management
Pharmazie		Versicherungswesen

*Terminologie s. S. 136–137

* Terminologie s. S. 136–137

* Terminologie s. S. 136–137

* Terminologie s. S. 136–137

Nachtrag

Während der Drucklegung wurden noch folgende Referenzen gefunden:

1 *T. Besterman* Rowman & Littlefield, Totowa, N.J., 1972; 2 Bde
Printing, Book Collecting, and Illustrated Books –
a bibliography of bibliographies

2 Anonym de Gruyter, Berlin, 1973; 2 Bde, 1 470 S.
Archive im deutschsprachigen Raum
Angaben über 8 000 Archive in der BRD, DDR, Liechtenstein, Luxemburg, Österreich, Schweiz [Minerva Handbücher]

3 *H. N. M. Winton* Bowker, New York, 1972; 213 S.
Publications of the United Nations System –
a reference guide
Tätigkeiten, Veröffentlichungen der Vereinten Nationen und der angeschlossenen Sonderorganisationen

4 Anonym Dept.of Education and Science, London, 1972; 22 S.
Sources of Information on European Organizations

Anonym Dept.of Education and Science, London, 1974; 54 S.
Sources of Information on International Organizations

L. Partington Dept. of the Environment, London, 1974; 101 S.
European Communities –
a guide to the literature and an indication of sources of information
Literaturführer bezgl. europäischer und internationaler Organisationen

5 *D. B. Owen, M. M. Hanchey* Scarecrow, Metuchen, N.J., 1974; 154 S.
Abstracts and Indexes in Science and Technology –
a descriptive guide
Literaturführer zu Referateblättern und Index-Zeitschriften für die Gebiete Wissenschaft und Technologie

6 Anonym MARC 2 Research, Rockville, Md., 1974; 465 S.
Index to all Books on the Physical Sciences in English,
1967 through January 1974
Verzeichnis von 22 000 englisch-sprachigen Büchern der Gebiete Astronomie, Geologie, Mathematik, Meteorologie, Physik

7 *H. Coblans* [Hrsg] Butterworth, London (im Druck; Sommer 1975)
The Use of Physics Literature
Literaturführer

8 *L. T. Morton* Heinemann, London, 1971; 5. Aufl., 128 S.
How to Use a Medical Library

1 *C. M. Carter* CCM Inf. Corp., New York, 1972
Guide to Reference Sources in the Computer Sciences
Literaturführer

2 *K. W. Mildren* Butterworth, London (im Druck)
Use of Engineering Literature
Literaturführer

3 *A. Jesse,* "Guide to information sources in technology",
in: *A. Jesse, C. Taylor* [eds], Proceedings of the Meeting on Technology Arising from High-energy Physics (CERN, Genf, *CERN* 74–9, Bd 1, S. 185–205)
Literaturführer zu den Gebieten: Beschleuniger, Detektoren, Datenverarbeitung, Elektronik, Kältetechnik, Magnete, Fotografie, Vakuumtechnik, Vermessung, Werkstoffe und spezielle Herstellungstechniken

4 *A. Jesse* *Microscope* 22, 81–88 (1974)
Information Sources in Automatic Image Analysis
Literaturführer zur quantitativen Bildanalyse (Mikroskopie)

5 *E. W. Kraus, C. E. Freund, M. A. E. Archer,* "Guide to Photographic Information",
in: *W. Thomas* [Hrsg], SPSE Handbook of Photographic Science and Engineering (Wiley, New York, 1973; Sect. 23, S. 1 329–1 391)
Literaturführer zur wissenschaftlichen Fotografie

6 *P. Eyrer* Verein Deutscher Ingenieure, Düsseldorf, 1974; 345 S.
Informationsführer Kunststoffe
Literaturführer

7 *K. Boodson* Macdonald, London, 1972; 674 S.
Non-ferrous Metals –
a bibliographical guide
Literaturführer zu Nichteisenmetallen und deren Legierungen

8 *M. Schalit* Elsevier, Barking, Essex, 1970; 184 S.
Guide to the Literature of the Sugar Industry –
an annotated bibliographical guide to the literature
on sugar and its manufacture from beet to cane
Literaturführer zur Zucker-Industrie

9 *United Nations Industrial Development Organization* [Hrsg] United Nations, New York, 1972-
Guides to Information Sources

Vol. 1, Information Sources on the Meat-Processing Industry [1973; 78 S.]
2, Information Sources on the Cement and Concrete Industry [1972; 103 S.]
3, Information Sources on the Leather and Leather Goods Industry [1972; 99 S.]
4, Information Sources on the Furniture and Joinery Industry [1972; 113 S.]

Vol. 5, Information Sources on the Foundry Industry [1973; 114 S.]
6, Information Sources on Industrial Quality [1973; 70 S.]
7, Information Sources on the Vegetable Oil Processing Industry [1973; 102 S.]
Literaturführer zu verschiedenen Industriezweigen

1 *G. S. Bonn* [Hrsg] Univ. of Illinois, Urbana, Ill., 1973; 240 S.
Information Resources in the Environmental Sciences

K. Connolly Dept. of the Environment, London, 1973; 27 S.
Sources of Information in Environmental Pollution

S. B. Tuwiner Noyes Data Corp., Park Ridge, N.J., 1973; 218 S.
Environmental Science Technology Information Resources

Anonym Environment Information Center, New York, 1973; 853 S.
The Environment Index 73 –
a guide to the key environmental literature of the year

Literaturführer bzgl. Umweltschutz

2 *K. D. C. Vernon* Butterworth, London (im Druck)
Use of Management and Business Literature
Literaturführer

3 *A.L. Pennington, R.A. Peterson* Mark, Braintree, Mass., 1970
Reference Guide to Marketing Literature
Literaturführer

4 *E. L. Fundaburk* Scarecrow, Metuchen, N.J., 1971; 5 Bde
Reference Materials and Periodicals in Economics –
an international list in five volumes
Literaturführer

5 Anonym Bowker, Epping, Essex, 1974; 2 Bde
Sources of European Economic Information
Bd 1, Veröffentlichungen und andere Informationsquellen (nach Gebieten)
2, Namen und Adresse von Organisationen
Literaturführer und Adreßbuch (West-Europa)

6 *M. Wright* [Hrsg] Butterworth, London, 1974; 256 S.
Use of Criminology Literature
Literaturführer

7 *P. A. Winckler* Palmer Graduate Library School, Groonvale, N.Y., 1972; 308 S.
Humanities –
Literaturführer mit Adreßbuch

1 *T. Freides* Wiley, New York, 1973; 304 S.
Literature and Bibliography of the Social Sciences
Literaturführer

2 *V. S. Sessions* Science Ass., New York, 1974; 400 S.
Directory of Data Bases in the Social and Behavioral Sciences
Adreßbuch

3 *H. J. Poulton* Univ. of Oklahoma, Norman, Okla., 1972; 304 S.
The Historian's Handbook –
a descriptive guide to reference works
Literaturführer

4 *J. G. Brewer* Bingley, London, 1973; 250 S.
The Literature of Geography –
a guide to its organization and use
Literaturführer

5 *H. Adler* [Hrsg.] Vlg. Dokumentation, München 1974; 2. Aufl., 250 S.
Rund um die Jugendliteratur –
Auskunft aus der Praxis für die Praxis
Nachschlagewerk (Literaturführer und Adreßbuch)

Andreas Jesse (geb. 1940) studierte Physik an der Technischen Hochschule Karlsruhe und an der University of Washington, Seattle (USA). Nach Ablegen der Prüfung als Diplom-Physiker (1966) war er am Kernforschungszentrum Karlsruhe tätig und promovierte 1969 zum Doktor-Ingenieur an der Universität Karlsruhe.

1970–1975 war *Andreas Jesse* "Scientific Information Officer" bei CERN (Europäische Organisation für Kernforschung, Genf). Sein besonderes Interesse gilt der gezielten Informationsvermittlung, was zu mehreren Bibliografien und Übersichtsartikeln, Herausgabe von Tagungsberichten und „allgemeinverständlichen" Artikeln geführt hat.

833/5a